Biblioteca de Derecho Penal y Procesal penal

Carlos Pérez del Valle
(Director)

Carlos Antonio Agurto Gonzáles
Sonia Lidia Quequejana Mamani
Benigno Choque Cuenca
(Coordinadores Generales)

Urs Kindhäuser
Ex Decano y profesor de la Universidad de Bonn
(Alemania)

Cuestiones fundamentales de Derecho penal

Ediciones Olejnik

Título: Cuestiones fundamentales de Derecho penal

© Urs Kindhäuser

© Ediciones Olejnik
Huérfanos 611, Santiago - Chile
E-mail: contacto@edicionesolejnik.com
Web site: http://www.edicionesolejnik.com

Primera edición en Ediciones Olejnik: 2021

ISBN: 978-956-392-933-1

Diseño de Carátula: Ena Zuñiga
Diagramación: Luis A. Sierra Cárdenas

Impreso en Argentina 2021 Printed in Argentina

ÍNDICE

INTRODUCCIÓN

CULPABILIDAD JURÍDICO-PENAL EN EL ESTADO DEMOCRÁTICO DE DERECHO

LA LÓGICA DE LA CONSTRUCCIÓN DEL DELITO

FORMA, CONTENIDO Y POSICIÓN SISTEMÁTICA DEL CONSENTIMIENTO EN EL DERECHO PENAL

EL DENOMINADO «RIESGO NO PERMITIDO»

INFRACCIÓN DE DEBER Y AUTORÍA: UNA CRÍTICA A LA TEORÍA DEL DOMINIO DEL HECHO

INTRODUCCIÓN

I. Estructura y legitimación de los delitos de peligro del derecho penal[1]

1. En los últimos años apenas ha habido otro tema que haya ocupado tan intensamente a la ciencia jurídico-penal en Alemania como la pregunta sobre el fin y la legitimación de los delitos de peligro. Esto lo explica una serie de razones muy distintas, de las cuales quiero mencionar especialmente tres.

De entrada, son interesantes los problemas más bien técnicos de cómo hay que definir y sistematizar los delitos de peligro. El concepto de peligro se pone habitualmente en relación con la probabilidad de la lesión de un bien jurídico. En la terminología tradicional, se distingue entre delitos de peligro abstracto y delitos de peligro concreto, según cuál sea la clase e intensidad del peligro. Esta división tosca se refina mediante una profusión de formas mixtas y modalidades de peligro; así, se dice que existen, entre otros, delitos de acumulación, delitos de idoneidad, delitos de peligrosidad, delitos de peligro potencial y delitos de peligro abstracto-concreto[2].

El rendimiento de esas distinciones es ciertamente bajo, pues no pocas veces la clase del peligro depende de la clase del bien jurídico afectado, de manera que tras la división se esconden las peculiaridades de los bienes jurídicos afectados, más que las modalidades generales de delito. Por ejemplo, el honor se menoscaba de una forma distinta a como se menoscaba el patrimonio o la integridad física.

---

1 Traducción de Nuria Pastor Muñoz, doctora en Derecho Penal, Universidad Pompeu Fabra, Barcelona. Becaria de la Fundación Alexander von Humboldt en el Instituto de Derecho Penal de la Universidad de Bonn. Título original: *Struktur und Legitimation strafrechtlichen Gefahrdungsdelikte.*

2 Cfr. Wohlers, W. (2000). *Deliktstypen des Präventionsstrafrechts – zar Dogmatik moderner Gefährdungsdelikte.* Berlín: Duncker & Humblot ; Zieschang, F. (1998). *Die Gefährdungsdelikte.* Berlín: Duncker & Humblot, p. 52 y ss.

Más importante y fundamental que estos problemas técnicos es la cuestión de la fundamentación del injusto de los delitos de peligro, pues todos estos tienen el elemento negativo común de que su injusto no consiste en la lesión de un bien jurídico. Solamente cuando se haya aclarado si los delitos de peligro tienen un contenido autónomo de injusto frente a los delitos de lesión merece la pena responder a la pregunta técnica de si este se puede subdividir en otras formas específicas de delito[3]. Por esta razón, en las siguientes consideraciones me concentraré en la posibilidad de fundamentar un injusto autónomo de peligro.

La tercera razón de la intensa discusión en torno a los delitos de peligro atañe al anclaje ético-social del derecho penal en una sociedad pluralista. Aquí se entrelazan dos movimientos con un efecto de reforzamiento mutuo. Por una parte, en una sociedad pluralista se erosiona, hasta quebrarse, aquella base de orientación religiosa común y acuerdo moral que une a todos los ciudadanos del Estado. El derecho se presenta como único sustituto más o menos estable para resolver aceptablemente conflictos de manera general. La consecuencia de esto es que la sociedad se «juridifica» cada vez más y, por tanto, aumenta la importancia del derecho penal como medio de reacción frente al comportamiento desviado. En esta mecánica social, la reivindicación del carácter fragmentario del derecho penal se convierte, tarde o temprano, en un postulado político-criminal no vinculante.

Por otra parte, la vida en las sociedades industriales modernas implica una serie de riesgos cuyo dominio no solamente supera al individuo, sino que, además, conduce a inseguridades que apenas pueden ser dominadas por el conjunto de la sociedad. Progreso técnico y riesgos crecientes van de la mano y caracterizan la sociedad actual, desde una perspectiva sociológica, como «sociedad del riesgo»[4].

---

3 En esa medida, véase Zaczyk (2001). Buchbesprechung von Zieschang, Frank, *Die Gefährdungsdelikte. ZStW*, 113, 192-194 y ss.

4 Cfr. Beck, U. (1986). *Risikogesellschaft – Auf dem Weg in eine andere Moderne.* Frankfurt: Suhrkamp; Beck, U. (1988). *Gegengifte-Die organisierte Unverantwortlichkeit.* Frankfurt: Suhrkamp; Kaufmann. (1973). *Sicherheit als soziologisches und sozialpolitisches Problem – Untersuchungen zu einer Wertidee hochdifferenzierter Gesellschaften.* 2.ª ed. Enke: Stuttgart. También véase una crítica reflexiva, desde el punto de vista del derecho penal, en Kindhäuser, U. (1992). Sicherheitsstrafrecht — Gefahren des Strafrechts in der Risikogesellschaft. *Universitas,* p. 22 y ss.; y Prittwitz, C. (1993). *Strafrecht und Risiko: Untersuchungen zur Krise von Strafrecht und Krlminalpolitik in der Risikogesellschaft.* Frankfurt: Klostermann.

El único instrumentario que tiene la posibilidad de poner en relación, valorando las ventajas y desventajas de correr riesgos, así como de conducirlas a cauces reguladores, es el derecho. De ahí que se invoque infaliblemente al derecho penal cuando hay que asegurar, mediante sanciones, la observancia de los valores límite para los riesgos socialmente tolerados. A esto se añade que toda innovación técnica en el intercambio de bienes ofrece también la posibilidad de un abuso. Esto puede ocurrir mediante el aprovechamiento de las circunstancias técnicas como, por ejemplo, en el caso de la estafa informática o en el de las lesiones de los derechos de autor en internet, pero también puede tener lugar mediante sabotaje o acciones terroristas.

La misma posibilidad de abuso alimenta los temores individuales y colectivos. Los temores se apaciguan mediante la prevención, y la necesidad de esta se sacia mediante el recurso a las sanciones del derecho penal. De esta manera, el derecho penal se convierte, expresado en términos informales, en «arma multiusos» del aseguramiento social.

2. En cierto modo, el legislador también puede hacer frente a la necesidad de una seguridad regulada con los medios del derecho civil y del derecho público. El derecho civil puede, por ejemplo, vincular una responsabilidad objetiva —por la puesta en peligro de los derechos— con la indemnización de daños y perjuicios, y estimular, de este modo, la contratación de seguros y con ello influir preventivamente en la observancia de los estándares de seguridad, a través de la presión de costes. Que este modelo funciona relativamente bien lo muestra en especial el tráfico rodado.

Con los instrumentarios del derecho público se puede generar una seguridad considerablemente mayor. En este caso se puede, por una parte, sujetar las autorizaciones para comportamientos y actividades peligrosas a concesiones cuyo otorgamiento presuponga la acreditación de estándares de seguridad. Por otra parte, se pueden fijar valores límite para los riesgos e imponerlos coactivamente. Ejemplos de esto son el otorgamiento de un permiso de conducción en el tráfico rodado, la regulación de las emisiones de sustancias nocivas realizadas por las instalaciones industriales o el control de centrales nucleares y plantas de residuos.

Sin embargo, el legislador alemán considera que los medios que el derecho civil y el derecho público ofrecen para la protección frente a peligros y para su evitación no son suficientes y cree que no puede renunciar al derecho penal —y esto no se encuentra solo desde una perspectiva internacional, sino que encaja en una evolución general del derecho—. Por derecho penal entiendo aquí, por lo pronto, solamente en un sentido muy general, un ámbito del derecho que reacciona frente a las lesiones culpables de la norma con la imposición de sanciones.

En este sentido general, el fin del derecho penal es constatar en un proceso formal la responsabilidad por lesiones de normas y someter a los responsables especialmente a pérdidas de dinero o de libertad. De esta manera se puede mostrar que la infracción de la norma no merece la pena, de modo que se fortalece a los destinatarios de la norma fieles al derecho en su lealtad al mismo, y se disuade de tal comportamiento a los potenciales infractores.

El derecho alemán conoce dos formas del derecho penal en este sentido amplio. La primera forma es el denominado «derecho de las infracciones administrativas», *Ordnungswidrigkeiten,* el cual se desarrolló a partir del anterior derecho de policía y del derecho penal administrativo. Aquel derecho prevé multas para personas privadas y empresas que infrinjan las normas que sirven a la protección de la seguridad y orden públicos. En derecho alemán hay tal cantidad de tipos de infracciones administrativas que apenas es abarcable, pues se extienden desde una pequeña multa por aparcamiento indebido hasta la sanción de carteles internacionales prohibidos con multas de varios cientos de millones de euros. No tengo noticia de la existencia de objeciones fundamentales contra el derecho de las infracciones administrativas formuladas por filósofos de la moral, penalistas o criminólogos. Parece como si este derecho fuera un procedimiento para la estabilización de normas jurídicas que se considera legítimo de forma general.

Junto al derecho de las infracciones administrativas se encuentra el derecho penal en sentido estricto, el cual une a la sanción un reproche ético-social y, a la vez, ofrece la posibilidad de someter al autor a una pena privativa de libertad. En lo que sigue, cuando yo hablo de «derecho penal» hago únicamente referencia al denominado «derecho penal criminal». Precisamente por el reproche ético-social y por la posibilidad de la privación de libertad, se ve el derecho penal como un derecho sancionatorio más intenso, en comparación con el derecho de las infracciones administrativas, aun cuando las multas del tal derecho pueden ser mucho más elevadas que la pena de multa, por ejemplo en el derecho de carteles.

De aquí surge la problemática de nuestro tema: según una interpretación extendida en la ciencia jurídico-penal, una parte más o menos grande de los delitos de peligro tiene un contenido demasiado pequeño de injusto y de culpabilidad, de manera que su castigo con la pena criminal es cuestionable o, incluso, ilegítimo[5].

3. Para comprender esta crítica es necesario volver la vista a la historia del derecho penal y, en concreto, por lo menos doscientos años atrás. A la filosofía de la Ilustración europea no solamente le debemos la idea de los derechos humanos y de la división de poderes, sino también la reivindicación de una pena adecuada a la culpabilidad y de una limitación del derecho penal. El cambio de tercio decisivo para el derecho penal alemán actual tuvo lugar con Anselm von Feuerbach, el penalista alemán más importante, discípulo de Immanuel Kant. Feuerbach no solamente estableció el principio *«nullum crimen sine lege»* y la teoría de la culpabilidad de la voluntad, sino que también desarrolló un criterio importante para la delimitación del derecho penal. Según este, son punibles, junto a los delitos contra la existencia del Estado, únicamente aquellos comportamientos mediante los cuales se lesiona un derecho subjetivo de la víctima. Además, Feuerbach llevó esta idea a la práctica con su proyecto de Código Penal del Reino de Baviera de 1813.

Feuerbach no solo logró elaborar un código penal pronunciadamente breve, sino también muy notable. Entre otros, dejaban de ser punibles algunos delitos tradicionales contra la moral. Por ejemplo, los actos homosexuales consentidos no lesionan ningún derecho subjetivo de los intervinientes, de manera que según Feuerbach ya no eran merecedores de pena. Ahora bien, esta revolución resultó menos dramática de lo que parece a primera vista, porque aunque Feuerbach vació el código penal, no dejó a la homosexualidad libre de sanción, sino que la desplazó, junto con otros muchos delitos tradicionales, a un derecho policial abotagado.

---

[5] Cfr. especialmente a Herzog, F. (1991). *Gesellschaftliche Unsicherheit und strafrechtliche Daseinsvorsorge*. Heidelberg: R.v. Decker; Prittwitz, C. (2000) *Strafrecht und Risiko: Untersuchungen zur Krise von Strafrecht und kriminal politik*. Frankfurt: Klostermann. Una orientación contraria la define Schünemann (1995). Kritische Anmerkungen zur geistigen Situation der deutschen Strafrechtswissenschaft. *GA, 5*, p. 201 y ss.; moderadamente Kuhlen (1994). Zum Strafrecht der Risikogesellschaft. *GA, 8*, p. 347 y ss.

En la teoría de Feuerbach se manifiesta, además, otra contradicción entre teoría y praxis. El autor consideraba punibles comportamientos que, coherentemente según su teoría, no podrían haberse fundamentado como tales. Ejemplo de esto son los delitos contra la administración de justicia. Así, Feuerbach pretendía construir el perjurio, *Meineid,* como fraude contra una parte del proceso, para cumplir de este modo el requisito de la lesión de un derecho subjetivo. Sin embargo, cuando un testigo le da a un acusado una coartada falsa, es difícil ver en este comportamiento un fraude en perjuicio del acusado.

Ahora bien, parece que sobre todo la teoría de Feuerbach no satisface las exigencias político-criminales y dogmáticas de su tiempo, razón por la cual fue reemplazada, en el período siguiente, por la teoría de los bienes jurídicos fundada por Birnbaum[6]. Esta teoría desplazaba la atención desde el derecho a un objeto hacia el objeto sobre el que recae un derecho. Un ejemplo simple: mientras que para Feuerbach el injusto de los daños consistía en la lesión de un derecho sobre la cosa, la teoría de los bienes jurídicos ve el correspondiente injusto en el daño a la cosa sobre la que recae el derecho. La lesión de la sustancia reemplaza a la lesión del derecho.

No quiero explicar con detalle la continuación de la historia de la teoría del bien jurídico. Esta se alejó, en parte, hasta la desfiguración del punto de partida del planteamiento de Feuerbach[7], en la medida en que, por ejemplo, en el bien jurídico se veía el fin de una ley. De todos modos, en la muy extendida teoría personal del bien jurídico se ha conservado una idea fundamental de Feuerbach: según esta teoría, el bien jurídico debe servir, por lo menos indirectamente, al libre desarrollo personal del individuo. En este sentido, por ejemplo, se pueden definir los bienes jurídicos como aquellas características de las personas, cosas o instituciones que sirven al libre desarrollo del individuo en un Estado democrático y social de derecho[8].

---

6 Birnbaum (1834). Ueber das Erforderniß einer Rechtsverletzung zum Begriffe des Verbrechens. *NArch. CrimR, 15,* 149 y ss.

7 Sobre la evolución de la teoría del bien jurídico cfr., en especial: Amelung, K. (1972). *Rechtsgüterschutz und Schutz der Gesellschaft.* Frankfurt: Athenäum; Hassemer, W. (1973). *Theorie und Soziologie des Verbrechens.* Frankfurt: Athenäum; Sina, P. (1962). *Die Dogmengeschichte des strafrechtlichen Begriffs Rechtsgut.* Basel: Helbing & Lichtenhahn.

8 Cfr. Kindhäuser, U. (2008). *Strafrecht Allgemeiner Teil.* 3.ª ed. Baden-Baden: Nomos, § 2, núm. marg. 6

II. El paradigma de la agresión

1. Con estas consideraciones previas he llegado al punto en el que aparece el problema de la legitimación de los delitos de peligro, pues, según una concepción general, los delitos de peligro son aquellos en los que el injusto no radica en el menoscabo de la sustancia de un bien jurídico, sino que mediante el hecho se crea, más bien, solamente el peligro de una lesión. Según cuáles sean la clase e intensidad de este peligro, se llevan a cabo las distinciones técnicas entre las diversas modalidades de delitos de peligro mencionadas al principio.

La concepción tradicional de los delitos de peligro se orienta según un esquema espacio-temporal que quiero denominar «paradigma de la agresión»[9]. Esto se puede aclarar con el ejemplo de una acción terrorista: un grupo de cinco fanáticos políticos planea hacer explotar una bomba en una fiesta popular y, de este modo, matar o lesionar una cantidad de personas lo más elevada posible. En este caso, los bienes jurídicos relevantes son, sobre todo, la vida y la integridad física.

En el estadio de planificación el peligro está, de entrada, solamente en la intención del atentado. Los delitos que ya comprenden, en tal estadio, el peligro de la lesión de un bien jurídico son denominados «delitos de preparación». Comete un delito de preparación quien realiza una acción para posibilitar el hecho posterior. En nuestro ejemplo hay, además, un estadio relevante que es previo a la preparación concreta del hecho, a saber, el delito de organización de la constitución del grupo terrorista con la meta de planear y llevar a cabo tales hechos.

Pues bien, según el modelo del paradigma de la agresión, todos los demás estadios que median entre la planificación y la lesión se pueden subdividir también en determinadas modalidades de delitos. Así, el poder de disposición sobre una bomba se puede clasificar como posesión peligrosa. Además, la colocación de la bomba en el lugar de la fiesta popular se puede entender como una acción que es idónea para causar la muerte y lesiones graves de personas. Si finalmente la bomba explota, se puede diferenciar entre aquellas víctimas que han muerto o han sido lesionadas efec-

---

9 Por ejemplo, recientemente Hirsch, J. (2008). *Systematik und Grenzen der Gefahrdelikte.* Berlín: de Oruyter, pp. 145-146 y ss.

tivamente y aquellas personas que más o menos por casualidad no han sufrido daños.

De este fraccionamiento espacio-temporal de un hecho punible, desde la planificación hasta la lesión consumada, deducen los defensores del paradigma de la agresión dos conclusiones: primero, valoran cada uno de los estadios de la realización del plan según la proximidad de cada uno de ellos a la lesión. Esto significa: el injusto más grave es la misma lesión del bien jurídico. Presenta un injusto menor aquella situación existente justamente antes de la lesión, en la cual depende más o menos de la casualidad que se produzca una lesión de la sustancia del bien. Esta situación se caracteriza como el resultado de la puesta en peligro concreto del bien jurídico afectado. Todos los demás estadios previos son estados de puesta en peligro abstracto, entre los cuales nuevamente la organización de un grupo terrorista o la planificación del atentado presentan el menor contenido de injusto.

La segunda conclusión de los defensores del paradigma de la agresión reza que con cada reducción del peligro y con la disminución del injusto que va unida a ella decrece también el merecimiento de pena del comportamiento, lo que depende, nuevamente, del valor del bien jurídico. Esto significa que la constitución de una organización que planea atentados contra el cuerpo y la vida todavía podría ser, eventualmente, merecedora de pena. En cambio, la constitución de una organización que únicamente pretendiera cometer lesiones del honor ya no sería merecedora de pena.

2. No se puede negar que el paradigma de la agresión tiene un cierto atractivo estético. Con su ayuda, los delitos se pueden incorporar en un sistema clasificatorio que, entre otras cosas, permite ponderaciones en caso de situaciones de necesidad y de colisión de deberes, responde cuestiones de la teoría de los concursos y puede delimitar de manera relativamente flexible el ámbito del castigo legítimo con pena.

Sin embargo, la primera imperfección del paradigma de la agresión se muestra rápidamente al consultar la ley. Menciono algunos ejemplos del Código Penal Alemán que contradicen la ponderación del injusto que hace el paradigma de la agresión. El tipo de lesión de la estafa (§ 263 StGB) tiene la misma amenaza de pena que el tipo de peligro del fraude de subvenciones (§ 264 StGB), pese a que el último no exige ni la producción de un perjuicio patrimonial ni la concurrencia de un error de la víctima potencial. La creación, peligrosa en abstracto, de una organización ordenada a la comisión de determinados delitos puede incluso tener prevista una amenaza de pena más elevada que la comisión de los delitos en cuestión. Por último, los delitos de peligro abstracto del perjurio (§ 154 StGB) y de la corrupción de un juez (§ 332 apdo. 2 StGB) están configurados como tipos de delito con una pena mínima privativa de libertad de un año y, con ello, coinciden en el monto de la pena con delitos de lesión especialmente graves.

Ahora, en algunos casos los defensores del paradigma de la agresión pueden salvar su modelo redefiniendo los bienes jurídicos. Así, por ejemplo, según ellos se podría decir que el fraude de subvenciones no protege el patrimonio como hace la estafa y que, por ello, no es un delito del campo previo a esta, sino que pretende asegurar de manera autónoma la capacidad funcional del sistema de subvenciones como bien jurídico independiente. Que tras este planteamiento se encuentra una idea importante es algo que explicaré más adelante. Por el momento, basta ya con la objeción de que no todos los delitos de peligro se pueden reinterpretar como delitos de lesión. Precisamente los altamente problemáticos delitos de organización se refieren, en su mayoría, a acciones de preparación que están dirigidas a la lesión de bienes individuales. Subsiste el problema fundamental de que la situación legal existente no se puede explicar con el paradigma de la agresión.

3. No obstante, mi verdadera crítica al paradigma de la agresión concierne a otro punto: si resulta que el injusto está fundamentado en la lesión de la sustancia de un bien jurídico, entonces ¿cómo puede una puesta en peligro constituir ni siquiera un injusto? Para constatar el peligro, los defensores del paradigma de la agresión se sirven de un observador ficticio del acontecer. En su opinión, existe un peligro cuando tal observador considera más o menos probable la producción de la lesión. Ahora, lo decisivo es de qué conocimientos se dota a este observador.

Si el observador ha de ser omnisciente, en un mundo determinado su juicio ex *ante* se solapa con la constatación *ex post* de que se ha producido el resultado de lesión, pues para un observador tal solamente son peligrosos aquellos estados que además conducen realmente a un resultado de lesión. Bajo esta condición, el juicio de peligro sería superfluo. El injusto de peligro sería únicamente un estadio previo necesario al injusto de lesión.

Si el injusto de peligro ha de tener un significado autónomo respecto al injusto de lesión —y eso es lo que entienden los defensores del paradigma de la agresión—, entonces también debe concernir a aquellas situaciones en las que después no se ha producido el resultado de lesión. Sin embargo, en tal caso el juicio de peligro se basa en un error del observador, quien, por tanto, no conocía todos los hechos relevantes para un pronóstico correcto del curso causal. Pero, ¿se puede fundamentar seriamente un injusto jurídico-penal mediante el error de un observador ficticio? ¿Podemos fingir un observador que se equivoca sobre el curso causal, basar en ese error un juicio de injusto y, entonces, castigar al autor por tal injusto, aun cuando aquel no ha lesionado realmente ningún bien jurídico? Lo grotesco de esta argumentación queda claro, ante todo, cuando se considera que el observador tiene que ser fingido por aquel tribunal que ya sabe que no se ha producido el resultado de lesión.

A esto se añade otro despropósito. Bien podría ser que el autor concreto sepa, debido a sus especiales conocimientos, que como consecuencia de su comportamiento no se puede producir una lesión. En tal caso, al autor que parte de una situación correcta se le imputaría como injusto el error ficticio de un observador ficticio. Para evitar esta consecuencia absurda hay que dotar también al observador de los conocimientos correctos del autor. Sin embargo, puesto que el juicio de peligro concierne al injusto del tipo objetivo y, en cambio, los conocimientos del autor pertenecen al tipo subjetivo, la teoría del paradigma de la agresión tiene que corregir el injusto objetivo con ayuda de los conocimientos del autor; confusión infernal de los elementos objetivos y subjetivos del hecho.

4. Por tanto, el paradigma de la agresión se enfrenta al siguiente dilema: en caso de que se haya producido una lesión, no es necesaria la búsqueda de estadios previos de puesta en peligro para la fundamentación del injusto objetivo. Cuando, en cambio, la lesión no se haya producido, tampoco hay un estadio previo cuyo injusto objetivo se pudiera derivar de esta.

De esto se deduce que el injusto objetivo de los delitos de peligro o no se puede ni siquiera fundamentar o bien el objeto del injusto de los delitos de peligro es un injusto autónomo respecto a la lesión de un bien jurídico en su sustancia. En lo que sigue, quiero analizar con detalle la segunda de estas alternativas y dedicarme, antes que nada, a la fundamentación del injusto penal.

III. Sobre la lesión del bien jurídico

1. Si los bienes jurídicos se entienden como características de las personas, cosas o instituciones que sirven al libre desarrollo del individuo en un Estado democrático y social de derecho, entonces el valor de los bienes jurídicos radica en la función de hacer posible la libertad. En consecuencia, cuando los bienes jurídicos son menoscabados en la función de ser medios del libre desarrollo, su valor disminuye.

Este menoscabo puede afectar a la sustancia, pero tampoco en tal caso la disminución del valor radica en la mera modificación de dicha sustancia, sino en la reducción, mediante su modificación, de la posibilidad de servir al libre desarrollo. Con un ejemplo: que en la modificación de la sustancia de una cosa haya que ver una mejora o un daño es algo que depende de qué fin esté unido a la modificación. De acuerdo con esto, en la acción de escribir una carta no vemos un daño al papel, sino su utilización con sentido. En otras palabras: los bienes jurídicos no son piezas de museo, sino características de las personas, cosas e instituciones en la vida social.

Quien acepte la anterior premisa también admitirá que la posibilidad de una utilización de los bienes conforme al fin no solamente se puede menoscabar mediante la modificación de su sustancia. Un ejemplo llamativo: para evitar que un propietario pueda utilizar un objeto de su pertenencia puedo destruir ese objeto; también puedo sustraerlo o amenazar al propietario con dispararle, en caso de que prenda el objeto. En todos estos supuestos se priva al propietario de la posibilidad de utilizar el objeto y, con ello, también se menoscaba el valor del objeto en su función de medio. Por tanto, resulta insuficiente ver la disminución del valor de un bien jurídico para su titular solamente en la modificación de su sustancia.

2. En la vida cotidiana esto es una obviedad. Suponiendo que yo tuviera una casa de vacaciones en otro país y que en este estallara inesperadamente una guerra civil, el valor de venta de mi casa de vacaciones caería repentinamente de forma drástica, aun cuando los conflictos bélicos no la hubieran menoscabado en abso-

luto en su sustancia. Con este ejemplo queda claro que el valor de una cosa también depende de las condiciones marco en las que puede ser empleada conforme a su fin. Incluso en caso de que en las proximidades directas de la casa no hubiera tenido lugar hostilidad alguna, la utilidad de aquella se vería restringida, porque, por ejemplo, sería irracional desplazarse por la zona en guerra para llegar hasta ella.

3. Pues bien, no es posible ver razón alguna por la que el derecho penal solamente deba proteger a los bienes jurídicos frente a menoscabos de su sustancia. Para el propietario, la privación total de una cosa no constituye un perjuicio menor que la modificación de su sustancia. Una mirada al Código Penal Alemán muestra que el legislador también ve las cosas de esta manera. En un gran número de delitos, por ejemplo, se prevé el castigo con pena de los menoscabos de posibilidades diversas de utilización de cosas, junto a los daños, entre otros, la frustración de derechos de aprovechamiento u ocupación, la privación duradera de la posesión o la enajenación contraria a derecho. Además, hay que tener en cuenta que también se protegen bienes jurídicos —por ejemplo el honor— que no consisten en características sustanciales, sino que se fundan en una atribución normativa. Por eso, las lesiones del honor solamente son posibles en la medida en que no se respeten los derechos de una persona a la correcta atribución de alabanza y reproche.

IV. Sobre el concepto de peligro

1. Si los bienes merecen protección jurídico-penal no solamente frente a menoscabos de su sustancia, entonces se plantea la pregunta de si cuando el concepto de peligro se define solamente como estadio previo a un resultado de lesión, no se está entendiendo quizá de manera demasiado restrictiva. Un ejemplo puede ilustrar este problema: en el piso veintiocho de un rascacielos, S le dice a su amigo A que quiere suicidarse, abre una ventana y salta al vacío. Sería contrario al sentido del lenguaje que después A describiera este acontecimiento diciendo que S se expuso voluntariamente a un peligro para la vida. En cambio, el caso sería distinto si S quería mostrar a A que no tenía vértigo y, para probarlo, se hubiera puesto en el borde de la ventana. En este caso, tendría sentido que A le hubiera grita-

do que tenía que dejarlo porque, mediante ese comportamiento, S se estaba exponiendo a un peligro para la vida.

¿Por qué en el primer caso la utilización del concepto de peligro es incorrecta, mientras que en el segundo caso es correcta? Pues bien, el concepto de peligro es normativo en dos sentidos. Por una parte, se refiere a la posibilidad de un acontecimiento lesivo cuya producción no es deseada por quien habla. De ahí que el concepto de peligro no sea utilizado con sentido en el caso de que quien hable no contemple el posible suceso como un daño. Quien compra un número de lotería no se expone al peligro de ganar el premio principal, sino, en todo caso, al peligro de haber gastado su dinero en vano. El equivalente positivo del peligro es la posibilidad.

Por otra parte, el concepto de peligro implica la incapacidad física, psíquica o cognitiva de poder evitar intencionadamente la producción de un daño cuando se ejecuta un comportamiento. De ahí que no se hable de un peligro cuando se está seguro de la producción de un daño, como ocurre, por ejemplo, en el salto del suicida desde el rascacielos. Y no se habla de un peligro cuando se considera seguro que se puede evitar la producción de un daño. Por tanto, al concepto de peligro pertenece esencialmente el elemento de la inseguridad. En otras palabras, peligro es inseguridad consciente.

Evidentemente, alguien puede encontrarse inconscientemente en peligro; por ejemplo, alguien ignora que cerca de él hay una serpiente venenosa. Sin embargo, quien emite el juicio según el cual el afectado se encuentra en peligro sabe, en primer lugar, de la existencia de la serpiente y parte, en segundo lugar, de que el afectado no la ve y de que por ello este último no se puede proteger intencionadamente frente a una posible picadura. En esta situación, el juicio de peligro está caracterizado de manera decisiva por el hecho de que el amenazado no tiene plena capacidad de evitación, debido a su ignorancia.

2. Los criterios del peligro —inseguridad respecto a la evitabilidad intencionada de un posible daño— se pueden trasladar de diversos modos a situaciones y a comportamientos. De entrada, es significativa la situación en la que no se puede evitar intencionadamente un daño desde la perspectiva de un bien. En ese caso, se habla de una puesta en peligro, esto es, del estar expuesto y pasivo a un estado de inseguridad. Por ejemplo, una persona está en peli-

gro cuando se le dispara y ella no sabe cómo se puede proteger rápida y eficazmente. O un patrimonio está en peligro concreto cuando su titular no tiene ninguna posibilidad de conjurar intencionadamente la disminución que le amenaza.

Además hay comportamientos que pueden ser peligrosos, en concreto, en dos sentidos. Desde la perspectiva de quien actúa, un actuar es peligroso cuando en su ejecución no se puede evitar intencionadamente la posibilidad de una autolesión. Así, por ejemplo, es peligroso asomarse exageradamente a la ventana, porque de esa manera eventualmente ya no se puede evitar perder el equilibrio y caer. Desde la perspectiva de un bien, un actuar puede ser peligroso cuando quien actúa —queriéndolo o no— ya no está en condiciones de evitar intencionadamente el menoscabo del bien, como consecuencia de la ejecución de la acción. Por ejemplo, una persona deja correr libremente a su perro mordedor y, de ese modo, no puede evitar que sean atacados unos niños que están jugando.

Por lo demás, las acciones y las situaciones pueden ser calificadas como peligrosas desde diversas perspectivas y para bienes distintos. Así, el conductor de un vehículo que corta una curva sin visibilidad actúa peligrosamente porque en caso de que se le aproxime un vehículo en sentido contrario, no puede evitar intencionadamente ni el menoscabo de bienes propios ni el de los bienes ajenos.

Una observación terminológica: cuando no puedo evitar intencionadamente un posible menoscabo, esto significa que su producción o no producción depende, desde mi perspectiva, de la casualidad. En esa medida, en el concepto de peligro el elemento de la inseguridad también se puede sustituir por el elemento de la casualidad, manteniendo el mismo significado.

3. Que hasta el momento las consideraciones realizadas sobre el uso general del lenguaje del concepto de peligro se pueden trasladar, sin más, a las diferentes estructuras jurídico-penales del delito es algo evidente que no requiere una explicación exhaustiva. Así, se puede caracterizar como delito de peligro concreto la descripción en un tipo penal de un daño inminente cuya producción solamente depende, desde la perspectiva del bien, de la casualidad.

Se pueden caracterizar como puestas en peligro abstractas aquellos casos en los que ejemplarmente se habrían dado todas las condiciones de tal puesta en peligro si un bien se hubiera encontrado en el mismo lugar. Al respecto, el hecho de que en el mismo lugar no se encontrara un bien es algo que nuevamente tiene que depender de la casualidad. Con un ejemplo: cuando alguien corta una curva sin visibilidad, concurre un peligro abstracto, pues no se habría podido evitar intencionadamente un menoscabo en caso de que un vehículo se hubiera aproximado en sentido contrario. Que de hecho no se haya aproximado vehículo alguno era, desde la perspectiva del conductor o desde la perspectiva de cualquier participante en el tráfico, casualidad.

V. Daños de peligro

1. Ahora quiero reunir las consideraciones precedentes sobre la fundamentación del injusto y sobre el concepto de peligro. Los bienes jurídicos —este era el punto de partida— son valiosos y están jurídico-penalmente protegidos, por su función de servir como medio al libre desarrollo del individuo. Su valor disminuye sin duda cuando su sustancia es modificada en tales términos que se menoscaba su función de medio. Esto es lo que ocurre en la lesión de un bien jurídico.

Ahora bien, el valor de un bien para su titular también disminuye cuando se encuentra en una situación en la que solamente depende de la casualidad que tal bien sea menoscabado en su sustancia o no[10]. El ejemplo de la casa de vacaciones en la zona de guerra ha ilustrado que este daño no se ha de fundamentar diciendo que la situación es únicamente un potencial estadio previo a una lesión, por ejemplo. Más bien, la casa pierde valor solamente por el estado de inseguridad en el que se encuentra, y ello con independencia de si es realmente dañada por actos de guerra. En la bolsa hay un dicho de los bolsistas según el cual nada es peor que la inseguridad: las acciones pueden perder valor de manera drástica solamente por los meros rumores de que los beneficios están bajando. Por ello es perfectamente posible y está plenamente justificado ver en el peligro concreto el menoscabo autónomo de un bien, aun cuando el estado de puesta en peligro dure solamente poco tiempo.

---

[10] Al respecto, Binding (1922) ve en la evitación de la misma puesta en peligro el fin de las prohibiciones de puestas en peligro concretas e interpreta estas últimas como «conmoción de la seguridad en la existencia», aun cuando fundamenta el desvalor de la puesta en peligro en que el bien no sea perturbado y no hace referencia a su función de medio.

Con todo, también las puestas en peligro abstractas se pueden valorar como menoscabos *sui géneris,* pues los bienes no se pueden utilizar racionalmente como medio del libre desarrollo cuando no es suficientemente seguro que al emplearlos no serán dañados. Por ejemplo, sería irracional presentar una demanda ante el tribunal cuando resulta posible que el juez sea corrupto y los testigos mientan. O sería irracional desplazarse con un vehículo cuando es incierto si otros conductores están embriagados o si hay bandas de ladrones que hacen barricadas. Es cierto que si no se demanda, no se perderá el proceso y que si no se utiliza el vehículo, este no sufrirá daños, pero de ese modo se recortan las posibilidades de un libre desarrollo, y los bienes no tienen para su titular el valor que podrían tener.

2. Si se parte de que a los delitos de lesión y de peligro les corresponde un injusto autónomo respectivamente, es difícil, por tanto, aclarar un problema frente al que el paradigma de la agresión se encuentra desvalido, a saber: el problema de que el monto de la pena no disminuye progresivamente desde los delitos de lesión hasta los delitos de peligro abstracto.

El hecho de que según el derecho penal alemán los delitos de peligro abstracto de constitución de una organización terrorista y del perjurio tengan prevista, como tipos de delito, una pena mínima de privación de libertad de un año, muestra lo grave que es para la configuración de la vida de los ciudadanos el peligro de una justicia que no funciona o de los atentados terroristas.

Mientras que el delito de lesión característico tiene por objeto un conflicto individual, las intervenciones en los ámbitos de seguridad afectan a los intereses de una pluralidad de seres humanos, con la consecuencia de que esa intervención se puede convertir cumulativamente en un injusto importante, pese a que la carga para el individuo sea solamente pequeña. Con un ejemplo: si en una pelea mi vecino mata al amante de su mujer, ello no afecta en nada a la configuración de mi vida. En cambio, si descubro que unos terroristas han intentado hacer explotar una bomba en el tren en el que me desplazo diariamente al trabajo, esto me puede forzar a una importante restricción de la configuración de mi vida.

Ahora bien, en ningún caso puede ponerse en tela de juicio que el monto de pena previsto para los delitos de peligro abstracto puede ser ampliado por razones de prevención.

VI. Resumen y malentendidos

1. Quiero resumir las consideraciones expuestas hasta ahora y acto seguido abordar, de la mano del ejemplo de los delitos contra la administración de justicia, tres malentendidos a los que está expuesta mi concepción de los delitos de peligro.

En primer lugar, el resumen: los bienes jurídicos son características de las personas, cosas e instituciones que sirven al libre desarrollo del individuo en un Estado democrático y social de derecho. En esta función como medios del libre desarrollo, los bienes jurídicos pueden ser menoscabados en su valor de tres modos.

Primero: pueden ser modificados en su sustancia de tal manera que ya no puedan cumplir su función o que ya no puedan cumplirla en su totalidad. En este caso se ha producido la lesión de un bien jurídico.

Segundo: se coloca a un bien jurídico en una situación en el que depende solamente de la casualidad de que sea menoscabado en su sustancia. En tal tesitura, disminuye considerablemente el interés, orientado a la existencia segura en la utilización del bien. Concurre así un menoscabo del bien jurídico en el sentido de una puesta en peligro concreta.

Tercero: se da una situación en la que no están garantizadas las condiciones de seguridad necesarias para una disposición racional sobre un bien. También en este caso el bien solamente se puede utilizar de manera restringida y, por ello, pierde en valor para su titular. Concurre así un menoscabo del bien jurídico en el sentido de una puesta en peligro abstracta[11].

En los tres casos da lo mismo si el bien está asignado individualmente a una persona o si sirve a la generalidad en el sentido de una utilidad colectiva.

2. Ahora los malentendidos. En ocasiones, mi concepción se entiende como si yo quisiera postular un súper-bien jurídico de la

---

[11] En este sentido, las normas de comportamiento de los delitos de lesión y de peligro son «normas que son un fin en sí mismas», es decir: con el comportamiento contrario a la norma se causa *per se* el daño que la norma pretende evitar. La suposición de que en esta interpretación las normas de sanción de los delitos de peligro también son «normas que son un fin en sí mismas» es totalmente equivocada. Sin embargo, véase Tenthoff. C. (2008). *Die Strafbarkeit der Tötung auf Verlangen im Uchte des Autonomieprinzips*. Berlín: Duncker & Humblot, p. 132.

seguridad y transformar, de acuerdo con esto, los delitos de peligro en delitos de lesión. Sin embargo, en mi concepción, la seguridad es solamente un criterio para el valor que tiene la utilización racional de un bien. Por tanto, no se amplía el alcance de los bienes jurídicos, sino que solamente se amplían las posibilidades de menoscabo de estos.

3. Además, mi concepción se entiende como si sirviera para una legitimación acrítica de todos los posibles delitos de peligro. Sin embargo, las cosas no son en absoluto así. Mi planteamiento es puramente analítico, lo que significa que quiero mostrar solamente las condiciones desde las cuales los delitos de peligro abstracto y de peligro concreto se pueden entender como menoscabos específicos y, con ello, como un injusto autónomo, más allá del ingenuo paradigma de la agresión. En absoluto afirmo que un delito de peligro concreto o de peligro abstracto sea merecedor de pena debido solamente al injusto que hay en algunos de ellos.

Si un comportamiento constituye un injusto y si este injusto es merecedor de pena son dos preguntas que hay que deslindar limpiamente. Sería perfectamente compatible con mi concepción sacar fuera del derecho penal todos los delitos de peligro abstracto y asignarlos al derecho de las infracciones administrativas. No obstante, en tal caso tendríamos de nuevo una situación en la que ya se encontró Feuerbach cuando quiso rescatar el merecimiento de pena del perjurio mediante una construcción desequilibrada. En mi opinión, se puede defender el mantenimiento de una serie de delitos de peligro en el derecho penal. Y la responsabilidad al respecto la tiene el legislador democrático.

4. Con esto ya llego al último punto. Contra mi concepción se objeta que el estado de seguridad que los delitos de peligro han de garantizar no es otra cosa que el estado que existe cuando todos los ciudadanos respetan las normas de los delitos de lesión. Es decir, según esta objeción, la seguridad es únicamente un reflejo de la protección de bienes jurídicos concretos[12].

---

[12] Zaczyk (2001). Buchbesprechung von Zieschang, Frank, Die Gefährdungsdelikte. *ZStW, 113*, 192-198; Zieschang, F. (1998). *Die Gefährdungsdelikte*. Berlín: Duncker & Humblot, p. 356. Esto también es reiterado por Hirsch, J. (2008). *Systematik und Grenzen der Gefahrdelikte*. Berlín: de Gruyter, pp. 145-162; Tenthoff, C. (2008). *Die Strafbarkeit der Tötung auf Verlangen im Lichte des Autonomieprinzips*. Berlín: Duncker & Humblot, p. 132.

Sin embargo, esta objeción pasa por alto que no todos los bienes jurídicos se pueden proteger de acuerdo con el simple esquema del paradigma de la agresión. Evidentemente, cuando se trata de la mera conservación de la sustancia de un bien, bastan los solos delitos de resultado. Así, sería totalmente superfluo promulgar junto a la prohibición de las lesiones otra prohibición ubicua de la puesta en peligro corporal.

Sin embargo, hay bienes que no existen como tales en una sustancia, sino que son generados institucionalmente de forma permanente. Esos bienes, que en el momento del hecho todavía no existen, sino que se han de crear, no pueden ser protegidos con sentido —o por lo menos no solamente— frente a lesiones. Más bien, esos bienes han de ser protegidos, ante todo, asegurando suficientemente las condiciones bajo las cuales son creados. En otras palabras, se ha de evitar que la creación de estos bienes mediante el hecho fracase o se vea dificultada. Un ejemplo de esto es la protección de la administración de justicia, en relación con la cual quiero desarrollar con más detalle esta idea, de la mano de los delitos de falso testimonio, *Aussagedelikte*.

La tarea de la administración de justicia consiste en decidir los casos jurídicos correctamente, y esto requiere que los tribunales tengan junto al conocimiento suficiente de la ley, un conocimiento correcto de los hechos a los que se refiere la aplicación de las leyes. Un medio especialmente importante, desde la perspectiva práctica, para adquirir un conocimiento correcto de los hechos es la prueba de testigos y de peritos. En esa medida, los falsos testimonios también son especialmente idóneos para originar fallos incorrectos.

No obstante, sería evidentemente incorrecto configurar el falso testimonio como delito de resultado, es decir, considerarlo contrario a la norma solamente cuando conduzca efectivamente a un fallo incorrecto. Esto es así, en primer lugar, por las dificultades que surgen aquí en la prueba de la causalidad. Cuando se produzca un fallo incorrecto, se debería probar que ha sido precisamente el falso testimonio el que ha condicionado el carácter incorrecto de la sentencia. Que en cambio el juez haya dado crédito solamente al autor y su conclusión no se base suficientemente en otros hechos es algo que *ex post* no está en absoluto claro. Además, esta situación se agudiza en el caso de las sentencias colegiadas con votos disidentes. El derecho alemán de la revisión penal procesal acude, no sin razón, a un concepto normativo de causalidad que se separa del derecho material y que considera suficiente que concurran posibilidades de un nexo causal. En el derecho procesal civil la sentencia puede deberse, pese al falso testimonio, a la distribución de la carga de la prueba.

Ahora bien, la sentencia, sobre todo, no cae en el ámbito de competencia del autor, sino en el del tribunal. Ciertamente, el autor es responsable de lo que dice, pero no es responsable de que se dicte una sentencia jurídicamente correcta, con base en su declaración. Tampoco entra en consideración la autoría mediata, pues el autor mediato ha de reunir todas las características de un autor y, en cambio, el autor como testigo o perito no reúne *per se* las características de un juez competente para dictar la sentencia. Esto significa: el bien jurídico de la sentencia jurídicamente correcta no puede ser lesionado en absoluto por el autor de un falso testimonio, porque este último no es responsable de que se dicte tal sentencia correcta.

Ahora bien, los partidarios del paradigma de la agresión tampoco afirman otra cosa. Utilizan más bien una artimaña, en la medida en que no ven el bien jurídico de la administración de justicia en las sentencias jurídicamente correctas de los tribunales, sino en la capacidad funcional de la justicia. Sin embargo, una capacidad no es una sustancia, sino una disposición que se define a través de las condiciones bajo las que se manifiesta. Por ejemplo, la fragilidad de un vidrio no es una propiedad que se añada a las propiedades de un vidrio. Que un vidrio sea frágil significa, más bien, que está configurado de manera tal que se rompe cuando, por ejemplo, alguien lo tira al suelo. Y, en consecuencia, la capacidad funcional de la justicia no es una propiedad que se añada a sus otras propiedades, sino que expresa que esencialmente se cumplen todos los presupuestos bajo los cuales ella puede sentenciar correctamente casos jurídicos en lapsos razonables.

Y precisamente con estos estamos en los delitos de peligro: a las condiciones marco que se deben cumplir para que los tribunales puedan dictar sentencias jurídicamente correctas pertenece la seguridad de que los testigos y peritos están obligados a decir la verdad. En esta medida, la seguridad que se ha de garantizar no constituye, en este caso, el reflejo de una protección de bienes jurídicos a través de prohibiciones de lesión, sino la condición de que se pueda siquiera generar el bien jurídico de las sentencias jurídicamente correctas.

5. Los delitos de falso testimonio son un ejemplo característico de la utilización necesaria y con sentido de los delitos de peligro desde una perspectiva práctica. Estos delitos tienen su lugar genuino allí donde se tratan de proteger ámbitos institucionalizados de la vida que son *per se* peligrosos o que son, en gran medida, susceptibles de abuso. Otros ejemplos son el tráfico rodado, la producción de armas y de sustancias químicas o la transferencia automatizada de dinero. En estos casos, los únicos delitos de lesión son insuficientes, puesto que cada uno de estos ámbitos de la vida solamente puede funcionar cuando se cumplen estándares de seguridad. Si estas normas han de ser asignadas al derecho penal criminal o al derecho de las infracciones administrativas depende de su valor para el libre desarrollo del individuo.

CULPABILIDAD JURÍDICO-PENAL EN EL ESTADO DEMOCRÁTICO DE DERECHO[1]

I. Acerca del objeto del concepto de culpabilidad

1. En el año de 1952 el Tribunal Supremo Federal Alemán, a modo de decisión de principio, llegó a la conclusión de que el error sobre la antijuridicidad de una coacción alcanzaba para excluir la culpabilidad del autor. A modo de fundamentación tal tribunal sostuvo lo siguiente:

> La pena presupone culpabilidad. Culpabilidad es reprochabilidad. Con el juicio de desvalor de la culpabilidad se reprocha al autor que él no se haya comportado [...] de modo adecuado a derecho, a pesar que él pudo comportarse [...] de modo adecuado a derecho. La razón interna para el reproche de culpabilidad se encuentra en que el ser humano está provisto de autodeterminación libre, responsable y ética, y por ello es capaz de decidirse a favor del derecho y contra el injusto [...] (BGHSt 2, 194-200).

La decisión del Tribunal Supremo Federal es interesante, sobre todo, por el hecho de que ella formula positivamente el concepto de culpabilidad. Tal código no contiene, en cambio, al igual que todos los demás que me son conocidos, definición alguna de culpabilidad. Lo único que se halla regulado son los presupuestos bajo los cuales un comportamiento antijurídico no puede imputarse a la culpabilidad del autor, por ejemplo, en los casos de falta de capacidad de motivación normativa, de tratarse de un sujeto menor de catorce

[1] Traducción de Juan Pablo Mañalich, abogado y profesor asociado de la Facultad de Derecho de la Universidad de Chile. Doctor en Derecho de la Rheinische Friedrich-Wilhelms-Universität, Bonn, Alemania. Su tesis doctoral «Nötigung und Verantwortung im Strafrecht» (coacción y responsabilidad en el derecho penal) fue dirigida por Urs Kindhäuser. En la actualidad es investigador del proyecto alternativo de Código Penal para la República de Chile.

años de edad o de una situación de estado de necesidad exculpante. De conformidad con ello, los tribunales penales solo examinan si en el caso concreto se hallan satisfechas las condiciones bajo las cuales ha de negarse la culpabilidad del acusado. Ningún tribunal indaga en la pregunta, por el contrario, de si el acusado era también efectivamente capaz de decidirse libremente y de modo éticamente autorresponsable, a favor del derecho y contra el injusto.

Que los tribunales no se planteen tales preguntas no solo se explica por el hecho de que no haya posibilidad alguna de una comprobación procesal empírica de la capacidad de autodeterminación libre y ética. Antes bien, por encima de esto el tribunal tendría incluso que producir la demostración de que la norma en cuestión se ajusta de tal modo a exigencias éticas que su quebrantamiento pone de manifiesto una decisión éticamente incorrecta del autor. ¿Cómo podría un juez emitir un juicio tal de modo vinculante?

Finalmente, en la decisión del Tribunal Supremo Federal también es llamativo que el enunciado acerca de la culpabilidad no se halle restringido a los destinatarios del derecho penal alemán, sino que contenga una tesis de antropología general. El ser humano estaría, en tanto tal, provisto de autodeterminación libre, responsable y ética, y por ello estaría en posición de decidirse a favor del derecho y contra el injusto.

2. En modo alguno quisiera yo afirmar, sin más, que esta tesis es falsa. Más bien pienso que es errado hacer descansar la culpabilidad jurídico-penal en una tesis semejante. Pues esta tesis no solo es altamente controversial tanto filosófica como antropológicamente, sino que ha sido decisivamente puesta en duda por la neurobiología más reciente.

Por esta razón, a la comprensión de la culpabilidad apoyada en asunciones antropológicas y metafísicas, tal como ella se encuentra expresada en la cita al Tribunal Supremo Federal, quisiera contraponer un modelo radicalmente distinto de atribución de responsabilidad penal. La culpabilidad jurídico-penal, así quisiera argumentar, se encuentra referida a una praxis social que en una alta medida descansa en presuposiciones normativas. Por esto, la corrección de la atribución de responsabilidad penal solo depende de que estas presuposiciones puedan tenerse por justificadas. Dicho de otro modo: la culpabilidad jurídico-penal, en tanto concepto jurídico, ha de fundamentarse jurídicamente. Y tal como lo anuncia ya el título de mi conferencia, quisiera sostener la tesis de que la culpabilidad jurídico-penal se encuentra referida a los roles jurídicamente configurados que el autor asume en una sociedad democráticamente constituida.

En el Estado democrático de derecho, la persona de derecho aparece como portadora de dos roles. De una parte, ella se encuentra formalmente sometida a las proposiciones jurídicas de deber y, como tal, es destinataria potencial de normas jurídicas. Pero de otra, como ciudadano del Estado, la persona de derecho también está habilitada para intervenir públicamente, a través de la manifestación de opiniones, de la emisión del sufragio y demás en la producción y modificación de normas, perteneciendo así potencialmente al círculo de los autores de la norma. A partir del juego conjunto de ambos roles, esto es, del rol de destinatario de la norma y del rol de autor de la norma —así quisiera mostrarlo—, se dejan determinar más de cerca los conceptos de culpabilidad y de capacidad de culpabilidad.

3. Mi argumentación constará de tres pasos. Primero quisiera considerar la pregunta acerca del significado de los conceptos, con ayuda de los cuales atribuimos responsabilidad tanto cotidiana como jurídicamente. A continuación me volcaré sobre la culpabilidad jurídico-penal y preguntaré por qué razón podemos reprochar al autor no haberse formado el motivo de seguir la norma. Finalmente, quisiera analizar qué conexión existe entre la capacidad de culpabilidad atribuida al autor de un hecho punible y sus dos roles como autor y destinatario de la norma en una sociedad democráticamente constituida.

II. El carácter derrotable de la atribución de culpabilidad

1. A continuación quisiera analizar los conceptos con los cuales adscribimos responsabilidad por un comportamiento defectuoso. A modo de ilustración quisiera servirme de un ejemplo que ha sido de interés mundial: en un país africano la mujer M es violada; a consecuencia de esto, M es condenada a morir apedreada por haber cometido ilegítima relación sexual. La condena de M satisface, sin más, algunos presupuestos de la aplicación del derecho penal: M es condenada a padecer un mal estatalmente irrogado, a consecuencia de un suceso antijurídico. Pero aun prescindiendo de la clase particu-

larmente brutal de irrogación de un mal de que se trata, este juicio condenatorio resulta en todo caso rechazable, por no satisfacer una condición esencial de cualquier derecho penal moderno fundado en el reconocimiento de los derechos humanos; pues el reproche de culpabilidad presupone la asunción de que el autor habría podido evitar el suceso que se le reprocha como injusto. Es evidente que M no se ha comportado de modo responsable en el sentido de este principio de culpabilidad, en tanto el concepto de «violación» excluye la posibilidad de que la víctima se decidiera por una alternativa de comportamiento conforme a derecho.

Podría objetarse, ahora bien, que si bien M no tuvo la posibilidad de decidirse libremente por una alternativa de comportamiento, esto no representa particularidad alguna en el caso del ejemplo. Cada ser humano estaría causalmente determinado a su comportamiento respectivo, y la posibilidad de una decisión libre no sería más que una ilusión. En esta medida, o bien el derecho penal tendría que abdicar, sin más, a favor de un sistema terapéutico de prevención de daños, o bien habría que admitir que la culpabilidad solo sería una ficción necesaria para mantener el orden en el interior de un Estado.

2. En esta objeción, sin embargo, resulta introducido un concepto de libertad que quiere decir algo distinto de la libertad que falta a la víctima en el caso del ejemplo. La falta de libertad en el sentido de una violación puede significar que la víctima, siendo atada, por ejemplo, ha sido privada de la posibilidad de defenderse, o que ella ha sido amenazada con la irrogación de un mal grave. En tal medida, la libertad que resulta excluida por una coacción significa ausencia de determinados constreñimientos de tipo físico o psíquico.

En la comunicación cotidiana, la atribución de responsabilidad no presupone una libertad frente a cualquiera determinación causal. Esto ya se muestra en el hecho de que la referencia a determinantes causales no especificados no representa una razón que exonere de responsabilidad. Si yo hiciera un regalo a alguien y este me replicara que él no necesita agradecerme puesto que yo no he actuado libremente, sino causalmente determinado, ciertamente me enojaría con arreglo a estándares generales de comportamiento. Y este enojo no resulta de la incorrección de la referencia a una determinación causal imprecisa. Yo me enojaría igualmente si el receptor de mi regalo justificase la ausencia de agradecimiento con el hecho de que hoy el cielo está intensamente nublado.

Como atribución de responsabilidad por una prestación positivamente valorada, el agradecimiento no hace referencia alguna a procesos causalmente explicables que ocurren en el cerebro del autor del regalo. Y ello está íntimamente relacionado con el hecho de que explicamos nuestras acciones a través de razones, fines o disposiciones, que como tales son definidos de modo enteramente independiente de determinados procesos cerebrales.

Antes bien, en la comunicación cotidiana, la ausencia de libertad excluyente de la responsabilidad es necesariamente definida sobre la base de determinadas condiciones que son accesibles a la experiencia general. De acuerdo con ello, también los conceptos con los cuales se afirma o niega la causalidad en el contexto de la atribución de responsabilidad se hallan referidos a experiencias psíquicas y físicas conocidas.

Si un ladrón me amenaza con una pistola para que así yo le entregue mi dinero, nosotros asumimos que la entrega del dinero no ha sido expresión de una voluntad libre, remitiéndonos al momento de coacción psíquica de la amenaza de un peligro vital. Sin embargo, si después declaro que por compasión yo, en todo caso, habría dado el dinero al extorsionador, entonces la referencia a la voluntad libre sirve como fundamento de la interrupción de la conexión causal entre la amenaza y la entrega del dinero, o, más precisamente, de la refutación de la conexión causal entre amenaza y comportamiento de la víctima, que es presupuesto de la atribución de una coacción consumada. Pero en tal medida, la indicación de que yo igualmente habría dado el dinero al extorsionador por propia iniciativa no quiere decir que mi comportamiento no haya estado causalmente determinado. Lo único que se está diciendo es que la amenaza de un peligro vital no constituyó una razón relevante para mi actuar.

Sería propio de una comprensión lingüística ingenua asumir que el significado de un concepto necesariamente se encuentre en su uso positivo, el cual solo se vería excluido a través de la negación respectiva, pues es igualmente posible que el significado de una expresión precisamente aparezca en su aplicación negativa, la cual resulte excluida a través de la aplicación positiva correspondiente. Tratándose del uso ordinario del concepto de libertad, este es precisamente el caso, a modo de ejemplo: si digo que me he puesto mi corbata voluntariamente, con ello no pretendo sugerir que me he encontrado en un determinado estado de libertad del cual resulta, de modo causalmente no explicable, que llevo puesta una corbata llamativamente colorida. Lo que pretendo indicar es, antes bien, que llevo puesta esta corbata horrible sin que mi mujer o mi jefe me hayan constreñido a ello bajo amenaza de ponerme en problemas. Lo que así pretendo expresar es que yo soy responsable de llevar puesta la corbata, porque sobre mí no ha sido ejercida presión externa alguna.

En el lenguaje ordinario, el significado del concepto de libertad aparece en el uso de expresiones negativas tales como «no libre», «involuntario», «coaccionado», «constreñido», etc. El uso de las expresiones positivas correspondientes sirve, en cambio, para explicitar que no se han satisfecho los presupuestos de su aplicación negativa, en circunstancias que ello era sin embargo esperable, pues en el caso normal nadie se pone voluntariamente —es decir, sin coerción externamente motivada— una corbata horrible.

Con ello no pretendo sostener, en modo alguno, que no pudiera tener sentido plantear la pregunta de si el ser humano es capaz de decisiones causalmente libres, a pesar de que en su existencia física se halle sometida a las leyes causales generales. Pero una libertad tal —en el sentido de una exclusión de la explicación causal de decisiones humanas— nada tiene que ver con el concepto de libertad en el contexto de atribuciones sociales de responsabilidad. Ambas representan formas de uso y significados completamente distintos del concepto de libertad.

3. Al uso ordinario del concepto de libertad, en el marco de atribuciones de responsabilidad, también se ajustan las reglas de la parte general del derecho penal. Ellas solo enuncian las condiciones bajo las cuales el autor no puede ser considerado como libre para actuar de modo conforme a derecho. A veces ellas no son más que límites rígidos puestos de modo más o menos arbitrario, como es el caso, en el derecho penal alemán, de tratarse de la fijación de la edad mínima para la responsabilidad penal en los catorce años. A veces se trata de enfermedades que son reconocidas como impedimentos para una decisión a favor de un comportamiento normativamente adecuado. Y a veces se trata de situaciones, como en el estado de necesidad exculpante, en que en razón de una situa-

ción de coerción externa se deja de esperar un comportamiento normativamente adecuado.

Así, el derecho penal, en paralelismo con las atribuciones informales de responsabilidad en la vida cotidiana, parte de la base de la capacidad de motivarse a actuar de modo normativamente adecuado y solo excepcionalmente niega la atribución de culpabilidad, al darse condiciones específicas de ausencia de libertad. Lo que entonces cabe plantear es la pregunta de por qué seleccionamos precisamente estas excepciones como tales, y no otras. En particular puede resultar llamativo que ciertas experiencias colectivas —como por ejemplo vivencias de una guerra en la niñez— no sean vistas como razones para la exclusión o, al menos, para la atenuación de responsabilidad. O para dar otro ejemplo: bajo el derecho penal alemán resulta exculpado quien por miedo sobrepasa los límites de la permisibilidad de la legítima defensa; no así quien por furia lesiona al agresor de modo más grave que lo necesario para repeler la agresión. De este modo, el límite entre responsabilidad y exculpación no es fijado descriptiva y absolutamente, sino valorativa y relativamente en atención a determinadas razones. Ciertos motivos descargan y gravan con responsabilidad, a pesar de que la presión psíquica sobre el autor pueda ser igualmente intensa.

Consecuentemente, los criterios con arreglo a los cuales introducimos excepciones a la atribución de culpabilidad tienen que mostrar una conexión interna con las razones por las cuales reaccionamos negativamente frente al comportamiento antijurídico del autor. Solo una vez esclarecido qué constituye el objeto del reproche jurídico-penal de culpabilidad, puede esclarecerse también por qué este reproche de culpabilidad decae bajo determinadas condiciones que se apartan del caso normal. Lo que así ha de preguntarse es por qué podemos esperar unos el seguimiento de las normas del derecho penal de otro.

III. Culpabilidad material

1. Las normas son proposiciones de deber, de modo tal que aquel que ha estafado a otro no se ha comportado de la manera en que tenía que hacerlo con arreglo a la prohibición de la estafa. En lo que sigue no se trata de la contradicción formal entre un comportamiento y una norma. Antes bien, de lo que se trata es de la pregunta de por qué reaccionamos con un mal frente al autor por el hecho de que él no se haya formado el motivo de observar la prohibición de la

estafa. ¿Qué déficit de motivación leal a derecho se expresa en el hecho y se reprocha al autor como falla personal?

A primera vista, esta pregunta puede resultar extraña, pues en particular las normas del derecho penal nuclear —como la prohibición del homicidio, de las lesiones corporales o del hurto— son ventajosas para todos, con lo cual el seguimiento de estas parece incluso ir en interés egoísta de cada cual. Pero precisamente esto último no es el caso. Las normas ventajosas para todos son inestables, puesto que es individualmente más ventajoso quebrantarlas que seguirlas.

La anterior tesis, aparentemente paradójica, se deja explicar fácilmente: toda norma de comportamiento representa una coordinación de determinados intereses contrapuestos. De una parte se encuentra la libertad general de acción del destinatario de la norma; de otra, un determinado interés protegido. La norma indica, ahora bien, bajo qué condiciones se ve restringida la libertad general de acción en consideración del interés protegido. Así, por ejemplo, la prohibición de la estafa restringe la libertad general de acción en consideración de la protección del patrimonio, proscribiendo dar información falsa a la contraparte de un negocio. Al seguimiento de una norma siempre se anuda una renuncia de libertad. Pero esta renuncia de libertad puede verse compensada por el hecho de que todos los demás se sometan a la misma restricción de libertad. Así, a condición de que nadie estafe a otro, renuncio entonces a engañar a mi contraparte en un negocio, obteniendo por contrapartida la ventaja de no ser engañado por otros.

Siendo esto así, se me presenta, no obstante, la posibilidad de un beneficio doble: no me someto a restricción de libertad alguna, engañando a mi contraparte en un negocio, sin ser a su vez engañado, pretendiendo así la renuncia de libertad del lado de mi contraparte. Por ello es racional, sin más, quebrantar una norma que la mayoría de los demás observa. Pero si cada uno actúa así, en la medida en que nadie quiere ser el tonto que se somete a una restricción de libertad para igualmente resultar perjudicado, entonces fácticamente se viene abajo la coordinación de intereses recíprocamente ventajosa prevista por la norma.

2. El ejemplo muestra que la sola promulgación de una norma ventajosa para todos no basta para asegurar su observancia genera-

lizada. Antes bien, además ha de posibilitarse la confianza fácticamente fundada en que la norma, de modo efectivo, será seguida por un grupo suficientemente amplio de destinatarios. El sujeto leal a la norma no debe ser gravado con el peligro de salir doblemente perjudicado, mientras su quebrantador obtiene un doble beneficio. También las normas ventajosas para todos requieren, por lo mismo, de un sistema coercitivo que asegure su vigencia fáctica y genere al mismo tiempo una confianza general en el seguimiento masivo de la norma.

Pero con ello solo se ha dicho que el ejercicio de coerción estatal dirigida al aseguramiento de normas ventajosas para todos es necesario y, en tal medida, legítimo. Aquello sobre lo cual quisiera llamar la atención, sin embargo, es en la circunstancia de que esa coerción estatal es necesaria precisamente porque bajo un cálculo de costo-beneficio es racional para el individuo no comportarse de acuerdo con la norma. En el nivel de una consideración puramente utilitaria, el quebrantamiento de la norma no puede ser visto como comportamiento irrazonable. Desde esta perspectiva, el reproche de culpabilidad no tiene por objeto una decisión irracional. Por el contrario, la razón por la que reaccionamos negativamente frente al autor por el quebrantamiento de la norma se encuentra precisamente en que este descansa, en principio, en un cálculo racional con arreglo a fines; mas no, por ejemplo, en una debilidad mental necesitada de tratamiento médico. Y en esta medida, en principio, tampoco tenemos razones para dudar de la responsabilidad del autor, pues lo que su hecho muestra es, en efecto, racionalidad.

3. Con ello se plantea nuevamente la pregunta acerca de la razón por la cual reaccionamos negativamente frente al autor por el quebrantamiento de la norma, de modo que con la pena no solo aplicamos un medio coercitivo, sino que asociamos a ella el reproche de que el autor, como persona de derecho, haya fallado al comportarse de un modo condenable.

En un Estado teocrático, por ejemplo, cuyo derecho se entiende como expresión de la voluntad divina, el objeto del reproche de culpabilidad se deja determinar rápidamente. Él se encuentra en la contravención pecaminosa del orden divino. Esto presupone, sin embargo, que el autor mismo ve en las normas de este Estado una manifestación de la voluntad divina. De no ser este el caso, el reproche de culpabilidad asociado a la pena será pura violencia, por lo menos desde su perspectiva. Entonces, la culpabilidad material no será más que una falta de precaución de no dejarse atrapar al quebrantar la norma.

A un sistema corresponde tal falta y, en consecuencia, un momento específicamente jurídico, a saber: la posibilidad de ser aceptable y vinculante para todos los ciudadanos, en virtud de las mismas razones. Un derecho religioso es un derecho instrumentalizado y con ello solo legítimo para aquel que acepta su origen divino y lo tiene por vinculante. A un tal derecho divino resulta inmanente la infracción del principio de justicia elemental de la igualdad. Un derecho así no es legítimo en cuanto derecho, aun cuando pueda ser tenido por legítimo en virtud de una creencia religiosa.

Menos crasos —pero igualmente problemáticos— son los intentos de entender el derecho como expresión de una moral o cosmovisión absolutamente válidas. Respecto de quien no acepta ni tiene por vinculantes las premisas de una determinada moral o cosmovisión, la pena es nuda coerción sin que ella pueda representar para él un reproche por una falla personal.

De ello se sigue que el reproche de culpabilidad solo puede ser entendido como un reproche puramente jurídico. La filosofía de la Ilustración resumió esta idea en el sentido de un mandato de neutralidad del derecho. Así, Immanuel Kant sostuvo que solo la legalidad, la conformidad exterior del comportamiento a la ley, puede ser legítimamente exigida mediante coerción[2]. De acuerdo con nuestro entendimiento actual, esto significa lo siguiente: es suficiente que cada uno organice su comportamiento y las consecuencias previstas o previsibles de este con arreglo a la norma. Cuáles son los motivos por los cuales la norma es seguida, ha de dejarse a la libertad de cada quien. Bajo este presupuesto, a un autor no puede reprochársele que haya podido y tenido que evitar el comportamiento antijurídico en virtud de la corrección sustantiva de la norma. En particular, el derecho referido a la conformidad exterior del comportamiento con la ley no puede imponer legítimamente una determinada motivación religiosa o moral[3].

---

2 Cfr. Kant, I. (1975). *Metaphysik der Sitten*. Darmstadt: Werke, t. IV, p. 337 y ss.

3 Véase también: Günter, K. (1994). *Jahrbuch für Recht und Ethik*. p. 143, 148 y ss.; Paeffgen, Kindhäuser y Neumann (2005). *Strafgesetzbuch*. 2.ª. ed. Baden-Baden: Nomos, vor § 32 núm. marg. 220.

No obstante, Kant sigue partiendo de la base de que la ley ha de merecer su observancia, esto es, que ella ha de ofrecer la posibilidad de ser seguida en virtud de buenas razones[4]. Pero esta tesis ya es problemática: ¿existen en una sociedad pluralista razones que legitimen una norma de modo generalmente vinculante? ¿No es acaso porque el derecho no puede ofrecer razones que sean generalmente convincentes para sus normas —al menos para todas sus normas— que tiene que dejar a la libertad de cada cual el motivo para su seguimiento? ¿Cómo puede haber culpabilidad material, fundada en legitimidad, si faltan razones substantivas que puedan motivar a todos al seguimiento de la norma, a pesar de que su quebrantamiento puede aparecer como individualmente ventajoso?

Para evitar ser malentendido: la separación entre derecho y moral no es, en modo alguno, una carta blanca para un derecho inmoral. Todo lo contrario: precisamente la separación de derecho y moral hace posible criticar el derecho por razones morales, para así impedir que haya derecho que contravenga nuestras exigencias morales. Justamente el derecho penal nuclear contiene prohibiciones que, en lo fundamental, coinciden con los estándares éticos más apremiantes. Pero, entonces, quien comete un hurto quebranta dos normas con presupuestos de legitimación diferentes: la norma del derecho y la norma de la moral. Y por ello el reproche moral ha de fundamentarse de modo distinto al reproche jurídico de culpabilidad.

4. Cuando la comisión de un hecho punible es descrita como un comportamiento racional, con ello se designa una racionalidad instrumental. Por ejemplo, alguien desea para sí un reloj de lujo, sin querer gastar dinero para ello, por lo cual sustrae el reloj de otro. En este caso, el autor se ha ahorrado el trabajo de ganarse el dinero para el reloj, aprovechándose, además, de la circunstancia de que la mayoría de los demás observa la prohibición del hurto y no sustrae las cosas de él. Bajo estos presupuestos, el autor ha actuado astutamente bajo un puro cálculo de costo-beneficio.

A otra interpretación de la situación llega una teoría de la pena que concibe la racionalidad, en el sentido de Kant, como racionalidad de la buena voluntad. Desde esta perspectiva, la voluntad es buena cuando ella se refiere a su propia generalización. De acuerdo

---

4 Kant, I. (1975). *Metaphysik der Sitten*. Darmstadt: Werke, t. IV, p. 325, 509 y ss.

con ello, sería irracional privar a otro de una cosa si el autor, a su vez, no quiere que todos actúen igual que él. El destinatario de una norma jurídico-penal de comportamiento no es visto, entonces, como alguien motivado por puro autointerés, sino como persona que sigue una autolegislación racional. Para una persona tal, el principio de iguales derechos de libertad para todos aparece desde el principio como deseado y reconocido[5]. Cuando el autor de un hecho punible quebranta una norma ventajosa para todos en este sentido, él se contradice a sí mismo como ser racional, a través de la irracionalidad de su hecho[6]. Así visto, el hecho punible es expresión de la autocorrupción ética de una persona autónoma, en tanto ser racional, igual y libre.

En contra de esta concepción hablan, por lo menos, dos argumentos de peso: de una parte, ella ignora el mandato de neutralidad del derecho, al exigir que la norma sea seguida en virtud de una autodeterminación racional. El derecho solo exige de los destinatarios de una norma, empero, que ellos —por la razón que sea— organicen su comportamiento y las consecuencias previstas o previsibles del mismo modo exteriormente conforme con la norma.

De otra parte, el quebrantamiento de la norma solo puede ser entendido como expresión de una autodeterminación irracional si la norma es racional para cada uno de sus destinatarios. En una sociedad pluralista, sin embargo, las normas no descansan en conclusiones racionales coincidentes para todos los ciudadanos, sino que resultan de un proceso de formación de opinión al que se pone término mediante una decisión mayoritaria. Por ello es posible, sin más, que el individuo no acepte la norma como conforme con su propio juicio racional.

Un ejemplo ilustrativo de esto lo ofrece el siguiente caso: dos hermanos que en su niñez temprana estuvieron separados entre sí se vuelven a encontrar años después, se enamoran y tienen un hijo. Al saber de su ascendencia común, deciden no obstante mantener su relación. Por ello, son condenados por contravenir la pro-

---

5 Cfr. Köhler. (1986). *Der Begriff der Strafe.* Heidelberg: R.V. Decker; Zaczyk (1989). *Das Unrecht der versuchten Tat.* Berlín: Dunker & Humblot, p. 128 y ss.

6 Cfr. Köhler, (1986). *Der Begriff der Strafe.* Heidelberg: R.V. Decker, p. 29 y ss.; Köhler (1985). *Über den Zusammenhang von Strafrechtsbegründung und Strafzumessung.* Heidelberg: R.v. Decker.

hibición del incesto del Código Penal Alemán[7]. En contra de este procedimiento se interpone una impugnación constitucional. Varios profesores de derecho penal escriben informes en apoyo de esta impugnación. El Tribunal Constitucional declara la prohibición como conforme a la constitución, recibiendo, empero, una aguda crítica por parte del presidente del tribunal, que se expresó en su voto disidente.

Independientemente de qué posición uno tenga frente a la prohibición del incesto, nadie puede decir que de cara al caso concreto ella cuente como expresión de racionalidad generalmente reconocida y que, por lo mismo, haya de ser necesariamente seguida por todo sujeto racional. En tal medida, la culpabilidad material de los autores no puede tener como objeto el reproche de que a través del hecho ellos se hayan corrompido a sí mismos como agentes racionales.

5. En una sociedad pluralista, la racionalidad individual —cabe sostener así— no representa una razón que pueda obligar a cada ciudadano a seguir una norma jurídico-penal de comportamiento. De ello resulta el siguiente dilema: por un lado, ha de observarse el mandato de neutralidad del derecho, que concede a cada ciudadano la libertad de seguir la norma por cualquier motivo que sea. Por otro lado, el reproche de culpabilidad ha de legitimarse de modo que el hecho punible se corresponda con una falla personal del autor frente a la cual reaccionamos negativamente.

Este dilema solo puede resolverse si el ciudadano resulta vinculado a la norma de un modo que trascienda el mero deber-ser, aunque sin exigir su reconocimiento como substantivamente correcta. En otras palabras, el ciudadano tiene que estar vinculado a la norma pudiendo rechazarla substantivamente al mismo tiempo.

Este dilema es consecuencia de que la relación entre la norma y el autor tiende a ser vista como unidimensional. El autor es visto exclusivamente como destinatario de la norma, preguntándose, en consecuencia, qué cualidad ha de tener la norma para que su quebrantamiento pueda justificar el reproche de culpabilidad. Mas una tal cualidad substantiva de la norma que condujera a la necesidad

---

[7] Código Penal Alemán, § 173, Ap. 2, oración 2.

de su reconocimiento por parte de cada uno de sus destinatarios no se dejaría identificar en una sociedad pluralista. Por el contrario: una sociedad moderna y pluralista vive de una autocomprensión bajo la cual no existe una religión, una moral o una cosmovisión que sea generalmente vinculante. Una sociedad pluralista que exigiera el seguimiento de sus normas, en razón de su corrección substantiva, constituiría una contradicción en los términos.

En una sociedad pluralista y democráticamente constituida las normas representan coordinaciones de intereses que pretenden ser generalmente vinculantes en virtud de su producción conforme a la constitución. Ellas son el resultado de un proceso de entendimiento en que todos los ciudadanos pueden tener participación. En tal medida, el ciudadano individual no solo es destinatario de tales y cuales normas, sino precisamente alguien que está facultado para tomar posición crítica frente a la coordinación de intereses expresados en la norma y, dado el caso, facultado también para abogar por su modificación o cancelación[8]. Así, en una sociedad democráticamente constituida, la persona de derecho es definida por referencia a un doble rol, a saber: el de potencial destinatario de la norma, de un lado, y el de interviniente potencial en el establecimiento de la norma, de otro.

Puesto que el procedimiento democrático del establecimiento de la norma no ha de conducir necesariamente a un resultado justo ni ha de tenerse por cerrado para siempre tras la decisión legislativa, sino que concluye a través de una decisión mayoritaria, entonces la norma solo puede pretender racionalidad provisional. Y, adicionalmente, el consenso se encuentra exclusivamente referido al resultado, mas no necesariamente a las razones conducentes a este resultado; por esto, no puede presuponerse que las razones a favor de la norma hayan convencido a cada ciudadano. En consecuencia, del individuo en su rol de destinatario de la norma no puede exigirse una aceptación de la norma como substantivamente correcta y, en tal medida, como vinculante para él.

---

[8] Para esto véase también: Günther, K. (1991). Die Freiheit der Stellungnahme als politisches Grundrecht. En Koller, P. et al. (coord.). *Theoretische Grundlagen der Rechtspolitik. Archiv fur Rechts und Sozialphilosophie Beiheft.* Stuttgart: Steiner, p. 58 y ss. Acerca de la necesidad de ver al sujeto de derecho en su doble rol de destinatario y coportador del ordenamiento jurídico, confróntese también: Pawlik. (2004). *Person, Subjekt, Bürger.* Berlín: Duncker & Humblot, p. 82 y ss.

6. La relación entre los dos roles que la persona de derecho asume en una sociedad democráticamente constituida requiere una determinación más atenta. Sería ciertamente precipitado inferir de la circunstancia en que una persona pueda, como ciudadano del Estado, tomar posición públicamente acerca de una norma, que entonces ella ha de seguir la convicción patriótica. Pues esto representaría, una vez más, una infracción del mandato de neutralidad, que deja entregada a la libertad de cada uno la razón por la cual él quiera comportarse de modo normativamente adecuado. Tampoco aquel que aprueba una norma ha de seguirla en virtud de las razones por las cuales ella merece su aprobación. Con mayor razón ha de valer esto para aquel que pertenece a la minoría que rechaza la norma.

La consecuencia del doble rol de la persona de derecho en una sociedad democráticamente constituida se encuentra, antes bien, en que ella tiene que articular su protesta como ciudadano del Estado, en tanto está facultada para tomar posición contra la norma. A quien está facultado para presentar razones contra una norma también resulta exigible presentar estas razones para que ellas obtengan reconocimiento generalizado y así lograr una modificación o supresión de la norma. En tanto él no lo emprenda o no tenga éxito en ello, de él es exigible que se comporte exteriormente, por la razón que sea, de modo conforme a la norma. El sinalagma del derecho a intervenir en el establecimiento de la norma es la obligación de hacer valer su rechazo de las razones esgrimidas, a favor de la norma dentro del marco del ejercicio de esa facultad exclusivamente.

Solo de conformidad con esta facultad resulta vinculante el seguimiento de la norma para la persona de derecho. El destinatario de la norma tiene abierta la posibilidad de poner discursivamente en cuestión la validez de la norma, de modo tal que él no pueda quebrantar fácticamente a esta, para así proveer de validez a sus razones contra la misma. De ello resulta, adicionalmente, que solo en una sociedad democráticamente constituida puede fundamentarse la culpabilidad jurídico-penal con arreglo a principios estrictamente jurídicos.

7. Desde esta concepción, la culpabilidad jurídico-penal no se encuentra exclusivamente referida a quienes formalmente ostentan

la respectiva ciudadanía. Por ello, no solo los ciudadanos alemanes, por ejemplo, pueden quebrantar el derecho penal alemán. Antes bien, en Alemania tanto alemanes como extranjeros tienen, en igual medida, el derecho a expresar libremente su opinión, a efectuar demostraciones públicas, a formar asociaciones y grupos de interés, a articular sus demandas en la prensa escrita y en los medios de comunicación audiovisual, a organizarse en partidos y asociaciones sindicales, así como variadas posibilidades adicionales de tomar posición en procesos públicos de formación de opinión y voluntad.

IV. Capacidad de culpabilidad

1. Resumo el curso de la argumentación hasta aquí: el punto de partida fue la afirmación de que tanto en la vida cotidiana como en el contexto del derecho penal no hacemos depender la atribución de responsabilidad de una comprobación positiva a la capacidad de seguir la norma relevante. Por el contrario, damos esta capacidad por supuesta y solo la tenemos por excluida bajo determinadas condiciones especiales. En esta medida, tanto en la vida cotidiana como en el contexto jurídico-penal son los conceptos negativos de libertad los que desempeñan el papel determinante. El significado de las expresiones positivas correspondientes se reduce, en cambio, a la indicación de que los presupuestos de las expresiones negativas no se hallan satisfechos. Así, libertad significa que no se presentan las condiciones reconocidas de falta de la misma.

En un segundo paso establecimos que al autor de un hecho punible no puede reprochársele no haberse formado el motivo de seguir la norma, a partir de determinadas razones substantivas. Lo único que podemos reprocharle es no haber seguido la norma habiéndole exigido esto, en tanto él pudo haber presentado públicamente sus razones contra el seguimiento de la norma en su rol de ciudadano del Estado y así haber puesto en cuestión su validez.

Ahora ha de preguntarse, en un tercer paso, por qué en la imputación de culpabilidad jurídico-penal estamos autorizados a dar por supuesta la capacidad de seguir la norma y a negarla solo bajo determinadas condiciones excepcionales.

2. Los agnósticos en la teoría del derecho penal —quienes no consideran la libertad de voluntad como una categoría susceptible de fundamentación— legitiman la suposición general de capacidad de culpabilidad con su supuesta favorabilidad para el individuo[9]. ¿Pero qué es lo favorable de la suposición de capacidad de culpabilidad? Si el derecho penal solo se legitima, como es usual, en atención al rol del ciudadano como destinatario de la norma, entonces difícilmente puede hablarse de una favorabilidad individual de la suposición de capacidad de culpabilidad. La atribución de capacidad de culpabilidad grava al autor; ella es, en efecto, presupuesto de su punición. El principio de culpabilidad solo es favorable en un sentido negativo, asegurando que aquel respecto de quien se satisfacen los presupuestos de una causa de exclusión de la culpabilidad legalmente reconocida no sea condenado en caso que esto pudiese ser socialmente ventajoso, por la razón que fuera.

Igualmente evidente es que la favorabilidad de la suposición de la capacidad de culpabilidad tampoco puede deducirse de la favorabilidad de la norma misma, pues entonces se estaría deduciendo un poder a partir del puro deber-ser. Puesto en extremos: también un recién nacido podría ser entonces capaz de culpabilidad, dado que él también se beneficia, por ejemplo, de la prohibición del homicidio.

3. Si la vista solo se pone en el autor del hecho punible en tanto destinatario de una norma, en mi opinión no se deja fundamentar, entonces, la atribución de capacidad de culpabilidad como favorable. Para ello es necesario, antes bien, ver al autor del hecho punible como persona de derecho y, con ello, en su doble rol como destinatario y autor de la norma. El concepto de persona es fundamentalmente idéntico en ambos roles. La capacidad que una persona puede pretender en su rol de autor de la norma se corresponde con la capacidad cuyo ejercido se espera de ella respecto del seguimiento de dicha norma. De aquel a quien se otorga el derecho de tomar posición crítica y razonada acerca de una norma también se espera que pueda evaluar crítica y razonadamente su propio comportamiento.

---

[9] Al respecto véase; Roxin, C. (2006). *Strafrecht Allgemeiner Teil*. 4.ª ed. München: C.H. Beck, § 19, núm. 37.

En ambos roles, las capacidades atribuidas no son objeto de una comprobación positiva. Tal como la suposición general de capacidad de culpabilidad, el ejercicio del derecho de expresar opiniones, de participar en sufragios, etcétera no se hace dependiente de la comprobación positiva de la presencia de determinadas capacidades.

En el derecho civil esta construcción resulta obvia, sin más. De alguien que está en posición de celebrar un contrato también se espera que lo cumpla. La autonomía de poder determinar derechos y deberes se corresponde con la autonomía de ejercer los primeros y cumplir los segundos.

4. Con ello aparece una última pregunta cuya respuesta está todavía pendiente: ¿por qué se encuentran reconocidas en el código penal determinadas excepciones a la suposición de capacidad de culpabilidad? ¿Por qué se exculpa a alguien, por ejemplo, si mata a otro para salvarse de un peligro vital, y por qué no se le exculpa si él mismo ha causado este peligro vital, aun cuando la presión psíquica puede ser igualmente intensa en ambos casos?

La respuesta se obtiene fácilmente de las reflexiones precedentes. Las causas de exculpación y de exclusión de la culpabilidad también son reglas jurídicas establecidas a través del proceso legislativo-democrático. En su rol de ciudadanos del Estado, los miembros de una sociedad democráticamente constituida asumen la responsabilidad por cómo y en qué medida ellos han de quedar vinculados a las normas, es decir, por cómo han de atribuirse responsabilidad por la contravención de normas[10]. En cierto modo, los ciudadanos del Estado se miran al espejo cuando establecen los criterios bajo los cuales han de quedar vinculados o exonerados en su rol de destinatarios de normas.

También estas decisiones, como todas las decisiones democráticas, son solo provisionalmente racionales; ellas pueden ser atacadas con razones y, en su caso, resultar refutadas. De prevalecer por un tiempo prolongado en la historia del derecho, rige a su favor, entonces, la presunción de que ellas reflejan hallazgos fundamentales. A estos hallazgos pertenece, con toda probabilidad, el principio de culpabilidad.

---

[10] Así, acertadamente: Günther (2005). *Schuld und kommunikative Freiheit*. Frankfurt: Klostermann, p. 256.

V. Observación final

Llego así al término de mis reflexiones. En su desarrollo histórico, el derecho penal ha servido a fines diversos, y no rara vez ha funcionado como medio de opresión. Los regímenes totalitarios más recientes son ejemplo manifiesto de ello. A los filósofos de la Ilustración tenemos que agradecer, sin embargo, el hallazgo fundamental de que el derecho es una creación humana y que los seres humanos somos responsables del mismo. El origen y la legitimación del derecho solo pueden encontrarse en la autonomía del individuo; respecto del derecho penal, tiene que extraerse la consecuencia de que también la culpabilidad jurídico-penal ha de determinarse de conformidad con la autonomía que corresponde a cada ciudadano. Quien puede pretender tener la capacidad de tomar posición fundadamente acerca de normas, también tiene que asumirse como capaz de seguirlas. Mas de ello también resulta que el derecho penal solo es legítimo en el marco de un Estado democrático de derecho.

LA LÓGICA DE LA CONSTRUCCIÓN DEL DELITO[1]

I. El punto de partida

La tesis que se intentará fundamentar en lo que sigue reza: el hecho punible es la contradicción de una norma, esto es, un comportamiento por el cual el autor declara que en un determinado caso una norma específica no vale para él. A través de la atribución de un hecho punible se le reprocha al autor haber dado a entender mediante su comportamiento que él no ha querido seguir una determinada norma. Este reproche, y con ello la construcción del hecho punible, es el resultado de una atribución escalonada de responsabilidad, la cual se corresponde con la lógica argumentativa de la inculpación. Así, el fin de la constitución del hecho punible se halla orientado al fin de la pena: se da un hecho punible si se cumplen las condiciones necesarias y suficientes para que una pena pueda ser legítimamente impuesta.

II. Normas de comportamiento y reglas de imputación

1. Una primera precisión formal del concepto de hecho punible podría expresar lo siguiente: por «hecho punible» ha de entenderse la responsabilidad jurídico-penal atribuida por un determinado comportamiento antijurídico. De ello se sigue que el hecho punible ha de construirse de la mano de dos sistemas diferenciados de reglas: por una parte, con reglas que enuncian las condiciones bajo las cuales un comportamiento ha de ser visto como contrario a derecho; y por otra parte, con reglas que enuncian las condiciones desde las cuales cabe atribuir responsabilidad por este comportamiento contrario a derecho. Desde un punto de vista lógico-lingüístico, las reglas con arreglo a las cuales algo es juzgado como correcto o inco-

[1] Traducción de Juan Pablo Mañalich R.

rrecto, como bueno o malo, tienen carácter directivo (prescriptivo) o evaluativo (axiológico), y pueden ser designadas como «normas de comportamiento». Ejemplo: debes abstenerte de matar a otro. En cambio, las reglas con arreglo a las cuales se atribuye responsabilidad tienen un carácter adscriptivo y pueden ser designadas como reglas de imputación. Ejemplo: has matado a un ser humano, y esto significa que tú eres responsable de su muerte[2].

En lo concerniente a las normas jurídico-penales de comportamiento, su contenido es fácil de identificar: se trata de los tipos delictivos de la parte especial bajo la correspondiente formulación contradictoria. Es decir, aquello que no ha de ser el caso es un comportamiento a través del cual se realiza un determinado tipo delictivo, esto es, por ejemplo, un homicidio, un robo o una violación.

2. Más difícil resulta ser la determinación del contenido de las reglas de imputación. Piénsese en el caso de alguien que súbitamente se desmaya en una tienda de porcelanas y al caer pasa a llevarse una vasija, la cual se rompe. Ciertamente, este comportamiento no se encuentra permitido: las vasijas ajenas no han de ser dañadas; un desmayo repentino tampoco confiere un derecho a ello. Aquí lo dudoso, en cambio, es si al «autor» puede reprochársele su comportamiento objetivamente incorrecto. Y lo complicado es que en la ley no cabe hallar una respuesta (explícita) a esta pregunta. Si uno se encuentra inclinado *ad hoc* a no atribuir responsabilidad jurídico-penal en tal caso, entonces resulta reconocible la relatividad social de la imputación, pues en todo caso se esperaría aquí una disculpa, de conformidad con las reglas informales de la vida cotidiana, la cual debería eximir de la pura responsabilidad por resultado o, más aún, por solo hallarse en el lugar equivocado en el tiempo equivocado.

En las tragedias de la antigüedad —en Edipo, por ejemplo— la pena se encontraba asociada a la sola causación exterior de un daño. Una culpabilidad, en el sentido de una capacidad subjetiva, no era un presupuesto de la sujeción a la sanción, más allá de cómo se la determine en detalle. Y también el moderno derecho civil tiende —

[2] Un análisis fundamental de las reglas de imputación se encuentra en Hart (1948-1949). The Ascription of Responsibility and Right. *Proceedings of the Aristotelian Society, 49,* 171 y ss. Véase también Hruschka, J. (1976). *Strukturen der Zurechnung.* Berlín: De Gruyter.

por ejemplo en la responsabilidad ambiental o en la responsabilidad por el producto— a desacoplar el deber de indemnización de una exigencia de culpabilidad[3].

Sin embargo, en el ejemplo de la destrucción de la vasija no es para nada obvio invocar, sin más, una exención de responsabilidad jurídico-penal, pues uno podría pensar que al ingresar el autor contara con la posibilidad de un desmayo en la tienda de porcelanas. De ser este el caso, el autor parece ser responsable por la situación en que se encontró, a pesar de que él no pudiera evitar intencionalmente el desmayo en cuestión. Algo similar ocurre en el caso típico de un chofer extenuado involucrado en un accidente de tránsito: si bien él no lo ha causado a modo de agente responsable, él podría serlo por las circunstancias bajo las cuales se mostró incapaz de evitar el accidente.

De este modo, el aspecto más difícil y problemático de la construcción del hecho punible no está referido a los criterios de conformidad desde los cuales se determina si un comportamiento es correcto o incorrecto, sino los criterios de conformidad mediante los cuales se determina si alguien ha de responder por el comportamiento jurídicamente defectuoso, en el preciso sentido de si él puede o no ser penado por ello. Antes de entrar en esto, sin embargo, quisiera formular algunas puntualizaciones acerca del aspecto menos problemático, esto es, el que concierne a las normas de comportamiento.

3. Los tipos delictivos del código penal, por la vía de la correspondiente formulación contradictoria, se dejan conceptuar como normas que se encuentran dirigidas bien a cualquiera —como por ejemplo la prohibición del homicidio— o bien a determinados sujetos especialmente obligados —como por ejemplo la prohibición de la prevaricación judicial—. Junto a estas normas que consisten en prohibiciones o mandatos también existen normas que consisten en permisiones o exenciones. Aquí figura, por ejemplo, la permisión de defenderse frente a una agresión antijurídica, y ya incluso al costo de una lesión corporal severa o, inclusive, de la muerte del agresor. En derecho penal tales normas tienen la función de justificar un comportamiento que aisladamente considerado es contrario a una

---

[3] Acerca de la responsabilidad por resultados véase Jakobs, G. (1993). *Das Schuldprinzip*. Opladen: Westdeutscher Verlag, p. 10 y ss.

prohibición o a un mandato, y por ello reciben la denominación de causas de justificación.

Cuando estas se hallan objetivamente satisfechas, su realización también ha de ser subjetivamente imputable, pues el solo hecho de que se encuentren satisfechos los presupuestos objetivos de una legítima defensa, por ejemplo, no se deja extraer la consecuencia de que el comportamiento objetivamente permisible también tenga que ser subjetivamente atribuido al autor como ejercicio de un derecho. Uno puede pensar aquí en la constelación del autor que ha provocado la agresión en su contra, por la vía de haber incitado acaloradamente a otro —aunque sin incurrir, por su parte, en un actuar formalmente antijurídico—, para así, después, poder invocar la situación de legítima defensa que justifique una lesión corporal o, incluso, un homicidio. Así, la cuestión no se reduce a que a alguien solo pueda imputársele desfavorablemente un comportamiento objetivamente contrario a derecho si determinados presupuestos de responsabilidad subjetiva se hallan satisfechos, sino que también ha de preguntarse, de modo contrario, si eventualmente hay razones para que a alguien no pueda imputársele favorablemente un comportamiento que objetivamente sea conforme a derecho.

Dicho brevemente: en tanto criterios de comportamiento jurídicamente correcto e incorrecto, las normas han de ser puestas en relación con aquella persona para quien pueden seguirse consecuencias jurídicas favorables o desfavorables en virtud de este comportamiento. Como ya se ha mostrado, esta relación presupone un complejo artefacto de reglas. La elaboración sistemática de este artefacto de reglas es una de las tareas centrales de la ciencia del derecho penal.

III. Fines de la norma de comportamiento y de la norma de sanción

1. Quien pretenda generar un orden debe preguntarse por la finalidad de este. Con ello uno ya se encuentra en un punto donde el derecho penal no puede construirse sobre un fundamento legal ni sobre un consenso suficientemente amplio de la ciencia jurídica, pues el fin de la sistematización es la clarificación de la pregunta por la responsabilidad, y la consecuencia de una respuesta afirmativa a tal pregunta es la imposición de una pena. Las reglas de imputación, en tanto sean racionalmente organizadas, se hallan orientadas al fin de la pena.

Este fin no es idéntico a la finalidad de las normas de comportamiento. Respecto al primero, existe actualmente una amplia concordancia de opinión: estas normas deben proteger bienes jurídicos. A pesar de que en detalles es controversial qué ha de entenderse como bienes jurídicos, la siguiente propuesta de definición no encontrará demasiada resistencia substancial: bienes jurídicos son aquellas propiedades de personas, cosas e instituciones que son de elemental significación para el libre desenvolvimiento del individuo en la sociedad. En otras palabras, los bienes jurídicos son condiciones del libre desenvolvimiento personal a través de la participación en la vida social y estatal. En este sentido, son bienes jurídicos, por ejemplo, la vida, la integridad corporal, la libertad ambulatoria y de disposición general, la propiedad y la capacidad funcional de la judicatura. Estos bienes jurídicos son protegidos a través de normas jurídico-penales de comportamiento que prescriben la evitación de su lesión o puesta en peligro.

2. Que la finalidad de las reglas de imputación también tenga que ver con la protección de bienes jurídicos es algo que parece evidente. Sin embargo, la pregunta es cómo ha de articularse esta conexión. Esto puede ser ilustrado, a su vez, con un ejemplo literario del siglo XVII: el escritor John Aubrey afirma en la descripción de un viaje: «Una mujer (me parece que en Italia) intentó envenenar a su marido (que sufría de hiperhidrosis) cocinando un sapo dentro de una sopa, lo cual, sin embargo, lo curó». Aubrey agregaba entonces: «Y así fue descubierta la medicina correspondiente»[4].

Objetivamente, aquí la mujer —llamémosla M— hizo exactamente aquello que le correspondía para proteger los bienes jurídicos aquí relevantes: la vida y la salud corporal del marido. En tal medida, objetivamente no se da comportamiento antijurídico alguno. Al mismo tiempo, sin embargo, M ha satisfecho todos los presupuestos de la responsabilidad de conformidad con el derecho vigente, porque en caso de que su plan hubiese sido exitoso, su comportamiento habría resultado punible a título de homicidio. Esta constelación la llamamos «tentativa».

Puesto que la tentativa es punible de conformidad con el derecho vigente, la finalidad por la cual se impone una pena aquí no

[4] Véase Dick, O.L. (1988). *Das Leben: Ein Versuch. John Aubrey und sein Jahrhundert.* Berlín: Wagenbach, p. 22.

puede ser idéntica a la finalidad de la protección de bienes jurídicos, pues de lo contrario M, en el caso del ejemplo, no solo debería quedar exenta de pena, sino que ella, incluso, habría actuado de modo jurídico-penalmente encomiable.

3. Tradicionalmente, como fines de la pena se ofrecen la retribución, la prevención especial y la intimidación. Sin embargo, ninguno de estos alcanza a fundamentar plausiblemente el enunciado de que M ha de ser sancionada penalmente, con arreglo al derecho penal vigente. Una retribución en sentido estricto, orientada a la compensación del daño producido —al menos si se la pone en relación con el menoscabo de un bien jurídico—, no viene en consideración aquí. Parece cuestionable que la pena resulte indicada por razones de prevención especial, esto es, a modo de intervención sobre M para que esta se abstenga de cometer hechos punibles de igual naturaleza en el futuro. Quizá ella haya perdido definitivamente el gusto por matar, a raíz del caso anterior. En todo caso, la prevención especial presupone una comprobación individual que no se deja compatibilizar con el categórico mandato, propio del derecho vigente, de sancionar penalmente. Que una punición de M pudiera tener un efecto intimidatorio para otros homicidas potenciales no se puede descartar sin más. Pero la intimidación de terceros presupone que en todo caso ha de intervenirse en la motivación de terceros. Y en nuestro caso, esto tendría la consecuencia —*prima facie injusta*— de que la específica situación de M no vendría en consideración. Además de esto, el comportamiento de M ya muestra que ella, por su parte, no se dejó intimidar por la previa punición de otros homicidas.

Pero tampoco una aproximación más profunda a la relación entre la psicología social e individual, de un lado, y los mecanismos de sanción jurídico-penal, de otro, podrá producir una legitimación más precisa y libre de carga ideológica de los fines de la pena ya enunciados. Uno se mueve aquí en un ámbito muy poco seguro científicamente.

No obstante, los problemas de fundamentación desaparecen considerablemente si uno no sitúa la pena en relación con el respectivo bien jurídico afectado, sino con la norma que protege ese bien jurídico. En el caso del ejemplo, M no ha lesionado el bien jurídico «vida», pero sí la vigencia de la prohibición del homicidio. A pesar de que M no ha menoscabado tal bien jurídico a través de su comportamiento, ha expresado que la prohibición de matar a otros no vale para ella, quien se ha posicionado en contra de la norma en virtud de la cual el homicidio no ha de tener lugar.

Si la problemática es situada en un nivel normativo-comunicativo, entonces resulta manifiesto que también en el caso del ejemplo se ha producido un menoscabo específico. La autora del hecho puso en cuestión la vigencia de la norma. Y una norma que no vale libremente de quebrantamientos pierde su función social, pues uno ya no puede confiar más en esta norma como un estándar cierto para la orientación de la acción. Esto presupone, desde luego, que la validez de una norma sea entendida como un hecho social. Las normas valen en la medida en que son seguidas, y eso significa que sí son reconocidas de modo eficaz para la acción. Desde esta comprensión, las normas son razones vinculantes o fundamentos obligantes para determinadas acciones; correspondientemente, el hecho punible cuenta como contradicción de una norma. A través de su comportamiento, el autor declara no reconocer la norma como razón vinculante para su actuar.

4. Ciertamente, puede haber razones para no reprochársele al autor la desautorización de una norma, por ejemplo, si él se hallaba en una situación de grave coerción; es decir, puede haber razones para disculpar o exculpar al autor. En tal caso, el hecho no resulta justificado, de modo tal que sigue representando el quebrantamiento de una norma, aunque esto no llega a ser objeto de un reproche dirigido a este autor, desde estas condiciones específicas. Aquí, de nuevo, resulta manifiesto el elemento comunicativo —el reproche— en la constitución del hecho punible.

El sentido de la irrogación del mal que representa la pena bajo un modelo normativo-comunicativo del hecho punible se hace evidente: en tanto respuesta al quebrantamiento de la norma, la pena ha de declarar —de modo comunicativo, nuevamente— que ella vale sin reservas. De esta manera, la interpretación de la pena ofrecida por Hegel como negación de la negación del derecho[5] recibe un giro comunicativo: la pena es la contradicción de la contradicción de la norma por parte del autor y, con ello, un acto simbólico de restitución de la vigencia de la norma desautorizada.

---

[5] Acerca de la teoría de la pena véase: Hegel (1986). *Grundlinien der Philosophie des Rechts*. Berlín: Akademie Verlag, §§ 97 y ss., 218. Respecto a la teoría de la pena de Hegel véase también: Seelmann (1979). *JuS*, p. 687 y ss.

Con ella, la idea de retribución recibe también una adecuada reinterpretación: la punición demuestra el valor de la norma quebrantada, y la magnitud de la pena corresponde a la medida de pérdida de vigencia de la norma. El mal que representa la pena ha de ser soportado por el autor, en cierta medida, como costo asociado a su hecho. Dado que esta restitución de la vigencia de la norma a través de la pena se halla simbólicamente dirigida a todos los destinatarios de la norma, conteniendo así el mensaje de que ella vale y que es correcto seguirla, cabe designar la finalidad de una pena así entendida como prevención general positiva. No se trata, como en la prevención general negativa, de intimidar, sino de reforzar la confianza en la vigencia de la norma.

5. Puesto que la pretensión de vigencia de la norma no puede ir más allá de lo que es individualmente exigible en la interacción social, es necesario formular excepciones estandarizadas bajo las cuales, y de modo situacionalmente condicionado, de ningún ciudadano fiel a derecho cabe seguir esperando un seguimiento de la norma; por ejemplo, en caso de peligro de muerte. Tales excepciones denominadas «causas de exculpación» son relativas al fin de la pena. Infortunios o destinos colectivos no llevan a una exculpación individual. El solo hecho, por ejemplo, de haber experimentado los bombardeos de la Segunda Guerra Mundial o los mecanismos de una dictadura no llevan —dejando de lado peculiaridades— a una exculpación individual, por más terribles que hayan podido ser las circunstancias. Por el contrario, infortunios colectivos pueden fundamentar exculpaciones colectivas, pero hacerlas efectivas no es objeto de una decisión jurídica, sino política (por ejemplo mediante una amnistía).

IV. Un modelo de intenciones escalonadas

1. Con ello se encuentran sentadas las premisas para un modelo normativo-comunicativo del hecho punible. En un paso ulterior ha de desarrollarse el aparato lógico en el que cada uno de los elementos del hecho punible pueda encontrar su posición sistemática. Puesto que el hecho punible ha de ser entendido como un comportamiento simbólico, es decir, como una declaración portadora de significado, puede recurrirse, en lo que atañe al fin que aquí interesa, a los lineamientos fundamentales del análisis filosófico-lingüístico de

los actos de habla[6]. Y aquí vienen en consideración aquellos en los cuales el actor se remite a determinadas normas. Como ejemplo usaremos una promesa.

Asumamos que A promete visitar a B a las cuatro de la tarde. Una promesa tal significa, por lo pronto, que A anuncia una determinada acción: la visita. Aquí definiremos «acción» como la realización de una intención. La acción de la visita es, de este modo, la realización de la intención de ir a ver a alguien y quedarse junto a él.

Pero la promesa tiene todavía una dimensión adicional, pues A no solo enuncia una acción, sino que respecto de ella dice, además, querer efectuarla. O sea, a través de su promesa él expresa tener la intención de realizar la intención de efectuar la visita. Ello significa, específicamente, que él quiere anteponer la intención de efectuar la visita a otras posibles intenciones, por ejemplo, la de leer un libro o ir al cine al mediodía. Cabe designar una tal intención de anteponer una intención eficazmente para la acción frente a otras intenciones eventualmente concurrentes como intención de orden superior; aquí intenciones de segundo orden[7]. En el caso del ejemplo, esta intención de orden superior contribuye al objetivo de atenerse a la promesa otorgada. La promesa, esto es, una norma autoestablecida, es la razón por la cual A tiene que anteponer la intención de efectuar la visita frente a otras posibles intenciones, queriendo atenerse a ella.

2. Esta diferenciación entre la intención de primer orden de ejecutar una determinada acción y la intención de segundo orden de anteponer su atención frente a otras posibles intenciones conflictivas se corresponde exactamente con los niveles de imputación que han de diferenciarse en la constitución del hecho punible. También aquí viene en consideración, por lo pronto, una acción: se trata de la evitación de la realización del tipo. Pero, además, resulta necesaria una intención de orden superior para evitar así la realización del tipo en pos del seguimiento de la norma. A partir de este modelo de una imputación en dos niveles resulta relativamente fácil determinar qué elementos son necesarios en la construcción del hecho punible y cómo han de ser lógicamente organizados.

---

[6] Véase aquí especialmente: Searle (1982). *Sprechakte. Ein sprachphilosophischer Essay.* Frankfurt: Suhrkamp.

[7] Fundamental para el análisis de Intenciones de orden superior: Frankfurt (1981). Willensfreiheit und der Begriff der Person. En Bieri (coord.) *Analytische Philosophie des Geistes.* Königstein: Hain Verlag, pp. 287 y ss.

En el primer nivel de imputación se trata del reproche de que el autor no ha realizado la intención de evitar la realización del tipo. Este nivel de la imputación lo llamaremos «imputación a título de infracción de deber». Una infracción de deber se da allí donde el autor del hecho no se comporta como él tendría que hacerlo de haber tenido la intención de evitar la realización del tipo. Cabe preguntar, ahora bien, cuáles son los presupuestos de este reproche.

Asúmase que A dispara contra B con un arma. ¿Qué condiciones tendrían que cumplirse para que pueda reprocharse a A no haber tenido la intención de evitar dar muerte a B? Desde ya, A tiene que haber tenido una cierta representación de la situación, para haber podido así siquiera formarse la intención correspondiente. A tiene que haber advertido que B era un ser humano —y no, por ejemplo, un espantapájaros—, que él mismo (A) tenía un arma en la mano y que B podía resultar muerto como consecuencia de una cierta manipulación de aquella. Si A asumió, por ejemplo, que el arma no se encontraba cargada, entonces falla en él la representación de la conexión causal que es necesaria para formarse la intención de evitar el suceso.

Dicho brevemente: la imputación de un comportamiento como infracción de deber presupone que el destinatario de la norma sea cognitiva y físicamente capaz de evitar la realización del tipo. Este presupuesto puede denominarse «capacidad de acción».

3. Afirmándose la capacidad de acción del autor e interpretándose, en consecuencia, su comportamiento como infracción de deber, entonces cabe preguntar ahora, en el segundo nivel de imputación, por qué el autor del hecho no se formó de modo eficaz para la acción la intención de evitar la realización del tipo, a pesar de que él pudo formársela y realizarla. Una primera posibilidad sería que el autor ni siquiera haya sabido que debía formarse y realizar esta intención. Este es el caso, por ejemplo, de si el autor ni siquiera conocía la norma en cuestión, así como también si a pesar de haberla conocido asumió erróneamente que su comportamiento se encontraba justificado. Estas constelaciones en las que se excluye la posible formación de una determinada intención de actuar se conocen como «errores de prohibición».

Pero también puede ser el caso que el autor haya padecido de defectos enfermizos en su capacidad de motivación. Estas circunstancias en que el autor no se halla psíquicamente en posición de formarse la intención adecuada a la norma se conocen como «causas de exclusión de la culpabilidad». Y, finalmente, también viene en consideración un tercer grupo de constelaciones: las así llamadas «causas de exculpación». Estas se encuentran referidas a situaciones en que incluso de un ciudadano fiel a derecho deja de esperarse que se forme, con eficacia para la acción, la intención de realizar el tipo. Un ejemplo de ello lo ofrece el estado de necesidad exculpante (parágrafo 34 del Código Penal Alemán), en el cual el autor se ve amenazado por peligros para sus propios bienes jurídicos elementales en caso de actuar de modo normativamente adecuado.

4. En pocas líneas cabe bosquejar, ahora, cuáles son los pasos didácticos en que, con arreglo al modelo del hecho punible aquí defendido, ha de probarse la constitución de un delito en el marco de la solución práctica de un caso. Primero ha de establecerse el objeto de la imputación, esto es, la situación objetiva jurídicamente relevante. Esto significa —al igual que en la construcción tradicional del delito— que ha de preguntarse si se ha realizado un determinado tipo delictivo. Siendo la respuesta afirmativa, y no interviniendo causa de justificación alguna, entonces el autor ha realizado un injusto objetivo de resultado. Y ahora se produce un giro lógico en la comprobación, desde el objeto hacia los criterios de la imputación. Esto quiere decir que ahora se pregunta si se cumplen las condiciones bajo las cuales puede reprochársele al autor la realización del injusto de resultado como una infracción de deber culpable y punible.

Esta imputación tiene lugar en dos niveles. En el primer nivel de imputación se trata de la pregunta de si se satisfacían los presupuestos cognitivos y físicos (la capacidad de acción) desde los cuales el autor tendría que haberse formado la intención, con eficacia para la acción, de evitar la realización del tipo. La capacidad cognitiva de acción, así entendida, se denomina «dolo». Si se afirma el dolo, entonces se da una infracción de deber.

En el segundo nivel de imputación, en cambio, se trata de la pregunta de si hubo razones normativas o psíquicas por las cuales el autor no pudiera (por ejemplo, en caso de causas de exclusión de la culpabilidad) o tuviera (como en el caso de las causas de exculpación) que formarse, con eficacia para la acción, la intención de evitar la realización del tipo. Determinantes aquí son las causas de inculpabilidad y exculpación legalmente reguladas. De no presentarse razones de este tipo, la conclusión de la comprobación consiste, entonces, en que el autor también ha actuado culpablemente.

V. Reglas de excepción: imprudencia, errores, *actio libera in causa*, omisión

1. El modelo del hecho punible aquí desarrollado está estructurado de modo abiertamente simple en sus lineamientos básicos: el hecho punible es entendido como un comportamiento portador de significado, a través del cual el autor declara no querer seguir una determinada norma. Un comportamiento tiene este significado en tanto el autor, en primer lugar, hubiese tenido que comportarse de otra manera en caso de haber tenido la intención de evitar la realización de un tipo delictivo; y, en segundo lugar, en tanto haya podido y debido esperarse que el autor se formase, con eficacia para la acción, esa intención de evitación.

Los dos presupuestos fundamentales de la imputación son la capacidad de acción, en el primer nivel de imputación, y la capacidad de motivación, en el segundo nivel de imputación. El reproche resultante de la imputación tiene como objeto que el autor no ha activado estas dos capacidades en pos del seguimiento de la norma. Dado que lo que se pena son hechos y no pensamientos, para que pueda siquiera plantearse la pregunta de por qué el autor no ha activado sus capacidades en pos del seguimiento de la norma es necesario que su comportamiento se ubique ya objetivamente fuera del marco de lo socialmente adecuado. Es decir, el autor tiene que haberse comportado de un modo que muestre una proximidad al correspondiente injusto objetivo (injusto de resultado), de manera tal que ya no sea posible un pleno distanciamiento del mismo, independientemente de que pueda haber razones para que, en definitiva, el hecho resulte justificado o su autor sea exculpado.

2. La conexión necesaria con el injusto de resultado se da, en todo caso, si el autor ha realizado objetivamente el tipo delictivo —como en el ejemplo del desmayo en la tienda de porcelanas—. No interviniendo una causa de justificación, aquí se da el injusto objetivo, y lo único que resta es la pregunta por la responsabilidad subjetiva. Más problemáticas son las constelaciones en que objetivamente el autor no realiza un injusto, a pesar de que subjetivamente sí lo acomete. Esta es la constelación de la tentativa que aparecía en el ejemplo del sapo en la sopa. Aquí ha de atenderse a dos dificulta-

des. En primer término, es necesario trazar un límite entre la preparación delictiva no punible y la tentativa punible; en segundo término, hay que excluir determinados casos del ámbito de lo punible, en los cuales el autor se vale de medios totalmente no-idóneos.

Tratándose de estos últimos casos, existe una sencilla regla práctica: si el autor actúa con tal grado de falta de entendimiento que su selección de los medios comisivos hace posible concluir que este autor no puede ser tomado en serio como quebrantador de una norma, aun cuando subjetivamente quepa considerar su comportamiento como un disponerse inmediatamente a la comisión del delito, entonces puede prescindirse de una imposición de pena. Quien intelectualmente no está en posición de realizar objetivamente el quebrantamiento de una norma tampoco puede ser visto como alguien que esté en posición de poner en cuestión la vigencia de esa norma[8].

Más difícil es la demarcación entre preparación y tentativa. Aquí no es posible entrar en detalle en esto, razón por la cual me limitaré a efectuar algunas consideraciones preliminares. Es sensato identificar el límite entre preparación y tentativa de la mano de criterios procesales. Así, una tentativa se produce si el autor ha dado el paso desde lo socialmente adecuado hacia el quebrantamiento de la norma, de un modo en que ello pueda ser considerado como evidencia de un disponerse inmediatamente a la realización del tipo. Por ejemplo, quien entra enmascarado y armado a un banco no podrá distanciarse del robo planeado, aun cuando él todavía no haya ejercido alguno de los medios coercitivos que exige el tipo del robo.

3. Un amplio campo de la imputación, que aún no se encuentra suficientemente asegurado por la dogmática, concierne al tratamiento de los defectos de responsabilidad del autor. Como principio vale que un comportamiento solo puede ser entendido como contradicción de una norma si el autor es actualmente (esto es, en el momento en que tiene que decidirse a evitar la realización del tipo) capaz de acción y motivación. De conformidad con el conocido principio *ultra posse nemo obligatur* nadie se encuentra obligado más allá de su propia capacidad. Pero este principio no rige de modo irrestricto en el derecho penal. También la incapacidad actual de evitar la realización del tipo puede ser vista como expresión de una falta de reconocimiento de la norma, a saber: precisamente cuando el autor pudo

---

8 Véase el § 23, párr. 3 del Código Penal Alemán.

prever la situación de la realización del tipo a ser evitada, sin que él se haya preocupado, sin embargo, de asegurar su propia capacidad de evitación. El autor no puede invocar aquellos defectos que él mismo ha provocado de un modo tal que él deba responder de ellos.

En el nivel de la capacidad de acción, el paradigma de una situación tal es la imprudencia[9]. Ulteriores constelaciones en casos de error de prohibición o de causas de exculpación están expresamente reguladas en el Código Penal Alemán. Y aquí resulta relevante, adicionalmente, la constelación en que el autor suprime su capacidad de motivación mediante un consumo excesivo de alcohol y comete un hecho punible en ese estado, la así llamada *actio libera in causa*[10].

4. De considerable importancia resulta otro problema de imputación: respecto de la realización de un tipo delictivo, no solo puede ser hecho responsable aquel que interviene activamente, sino también aquel que no impide la realización del tipo[11]. El derecho penal diferencia dos clases de sujetos obligados entre los destinatarios de sus normas. Por principio, todo ciudadano es titular de un propio ámbito de libertad, es decir, un espacio de juego para la acción que él mismo puede configurar. El contrapunto de esta libertad es que nadie puede legítimamente intervenir en las libertades de otro, a través de lesiones o puestas en peligro de sus bienes jurídicos.

Es claro así que todo menoscabo activo de un bien jurídico se encuentra prohibido. Pero de ello también resulta que todos aquellos peligros originados en el propio ámbito de libertad han de ser controlados, para que así no se vean afectados, de modo socialmente inadecuado, los ámbitos de libertad de otros. En consecuencia, sobre cada cual recae el deber de reducir los peligros para otros que se originen en el propio ámbito de competencia, y así no sobrepasar el nivel de aquellos riesgos mínimos que son tolerados socialmente. Quien no hace esto responde por los menoscabos que él podría haber impedido a través de la correspondiente reducción del peligro.

---

9 Véase también Toepel, F. (1992). *Kausalität und Pflichtwidrigkeitszusammenhang beim fahrlässigen Erfolgsdelikt*. Berlín: Duncker & Humblot, p. 23 y ss.

10 Más de cerca, veáse: Kindhäuser. (1989). *Gefährdung als Straftat*. Frankfurt: Klostermann, p. 120 y ss.

11 Confróntese: Vogel, J. (1993). *Norm und Pflicht bei den unechten Unterlassungsdelikten*. Berlín: Duncker & Humblot, p. 93 y ss.

Pero junto a esto, el derecho penal también conoce destinatarios de normas a quienes, en virtud de deberes de solidaridad específicos, compete que determinados ámbitos de libertad ajenos no se vean expuestos a amenazas, ya sea amplia o circunscritamente. Tales deberes son, ante todo, fundamentados institucionalmente mediante contratos o competencias legales especiales. Muestras de tales sujetos portadores de deberes especiales de solidaridad son los padres respecto de sus hijos y los cónyuges entre sí. Y ellos responden jurídico-penalmente, tal como los autores de hechos de comisión activa, en la medida en que no estén a la altura de sus deberes de protección.

VI. Observación final

El modelo del hecho punible así esbozado se diferencia de un modo nada despreciable de los postulados tradicionales fundados en premisas ontológicas, psicológicas o antropológicas, por la vía de su orientación a las estructuras normativo-comunicativas del actuar social.

Con arreglo al modelo aquí bosquejado, al autor se le reprocha no haber actuado de modo normativamente adecuado, a pesar de haber sido capaz de ello. El actuar aquí relevante es, exclusivamente, un actuar intencional: la evitación intencionalmente dirigida de la realización del tipo y justamente en pos del seguimiento de la norma. Así, al autor no se le reprocha haber actuado intencionalmente de modo contrario a la norma, sino, más bien, no haber actuado intencionalmente de conformidad con ella.

Con ello queda zanjada la cuestión, discutida por siglos, de si un comportamiento que conduce o podría haber conducido a la realización de un tipo delictivo ha de ser siempre calificado como acción. Este comportamiento carece de relevancia si ha sido inconsciente, automatizado, reflejo o intencional. Lo fundamental, antes bien, es si al autor puede reprochársele haber dispuesto de la necesaria capacidad de acción y motivación para evitar intencionalmente su comportamiento realizador del tipo.

FORMA, CONTENIDO Y POSICIÓN SISTEMÁTICA DEL CONSENTIMIENTO EN EL DERECHO PENAL[1]

I. Planteamiento del problema

1. En la dogmática jurídico-penal alemana se discute si el consentimiento del lesionado es una causa de justificación[2] o si, en cambio, tiene ya por consecuencia que no se realice el tipo objetivo del delito correspondiente[3]. Los partidarios de la doctrina de la exclu-

---

[1] Traducción de Juan Pablo Mañalich.

[2] Así, entre otros: Baumann, Weber y Mitsch (2003). *Strafrecht Allgemeiner Teil*. 1.ª ed. Bielefeld: Gieseking Verlag, § 17-93 y ss.; Fischer (2008). *Strafgesetzbuch und Nebengesetze*. 55.ª ed. München: C.H. Beck, vor § 32, núm. marg. 3c; Gropp, W. (2005). *Strafrecht Allgemeiner Teil*. 3.ª ed. Berlín/Heidelberg: Springer, § 6/56; Heinrich, B. (2005). *Strafrecht Allgemeiner Teil I*. Stuttgart: Kohlhammer, núm. marg. 438; Jescheck, H.H. y Weigend, T. (1996). *Lehrbuch des Strafrechts Allgemeiner Teil*. 5.ª ed. Berlín: Duncker & Humblot, § 34 I 3; Köhler, M. (1997). *Strafrecht Allgemeiner Teil*. Berlín/Heidelberg Springer, p. 245 y ss; Kühl, K. (2005). *Strafrecht Allgemeiner Teil*. 5.ª ed. Berlín/Heidelberg: Verlag Vahlen, § 9-22 y ss.; Otto (2004). *Übungen im Strafrech*. Berlín: De Gruyter Recht, pp. 679-680; Kindhäuser, Neumann y Paeffgen (2005). *Nomos-Kommentar zum Strafgesetzbuch*. 2.ª ed. Baden-Baden: Nomos, § 228, núm. marg. 8; Stratenwerth, G. y Kuhlen, L (2004). *Strafrecht Allgemeiner Teil*. 5.ª ed. Köln: Heymann, § 9/9; Wessels, J. y Beulke, W. (2007). *Strafrecht Allgemeiner Teil*. 37.ª ed. Heidelberg: Mühler, núms. marg. 361-370; Amelung, K. y Eymann, F. (2001). *Die Einwilligung des Verletzten im Strafrecht, JuS*, pp. 937-938; BGHSt 17, 359-360; BGHSt 23, 1-3.

[3] Así, entre otros: Rudolphi, Horn, Hoyer, Günther & *al.* (2007). *Systematischer Kommentar zum Strafgesetzbuch*. 7.ª ed. Munich: Luchterhand, p. 228, núm. marg. 2; Kaufmann, A. (1983). *Die Idee der Toleranz aus rechtsphilosophischer Sicht, FS Klug*. Köln: München, tomo 2, pp. 277-282; Rönnau, Th. (2001). *Willensmängel bei der Einwilligung im Strafrecht*. Tübingen: Mohr Siebeck, pp. 92-124; Roxin (2006). *Strafrecht Allgemeiner Teil*. 4.ª ed., tomo 1. Münich: C.H Beck, § 13-12 y ss.; Schlehofer (1985). *Einwilligung und Einverständnis*. Köln: Heymann, p. 4 y ss.; *Rönnau, T. (2002). Die Einwilligung als Instrument der Freiheitsbetätigung, Jura*. Tübingen: Mohr Siebeck, pp. 665-666; Rudolphi (1974). *ZStW, 86*, pp. 68-87 y ss; Weigend (1986). *ZStW, 98*, pp. 44-60.

sión del tipo conciben los bienes individuales jurídico-penalmente protegidos como designación prototípica de las posibilidades del libre desarrollo de la personalidad y, por ello, niegan ya, en caso de un consentimiento, una afectación del bien jurídico respectivo.

Con arreglo a la ubicación tradicional del consentimiento dentro de las causas de justificación, también los bienes jurídicos individuales son protegidos con independencia de la voluntad de su titular, de modo tal que el consentimiento sería una razón especial que excepcionalmente autoriza una afectación del bien jurídico[4].

¿Qué tiene que ver esta controversia con nuestro proyecto común de investigación acerca de las cuestiones jurídico-penales que se plantean con vista al cese de la vida humana? La conexión se vuelve clara si uno considera dos preceptos del Código Penal Alemán. Allí se establece en el parágrafo 216 que será penado quien «ha sido determinado a matar por requerimiento explícito y serio del occiso», aun cuando la pena es considerablemente reducida en relación con el tipo básico del homicidio del parágrafo 212. Y en el parágrafo 228 se dice que aquel que «efectúa una lesión corporal con el consentimiento de la persona lesionada» solo actúa antijurídicamente «si a pesar del consentimiento el hecho atenta contra las buenas costumbres».

2. Estas dos restricciones a la posibilidad de un consentimiento generan problemas considerables para los partidarios de la doctrina de la exclusión del tipo, tal como se deja ilustrar con el ejemplo de una lesión corporal: si la intervención en la integridad física de una persona solo realiza el tipo de las lesiones corporales bajo el presupuesto de que el hecho atente contra las buenas costumbres, entonces esta norma no protege la libertad de desenvolvimiento del portador del bien jurídico, sino solo las buenas costumbres, pues el atentado contra estas fundamenta exclusivamente el injusto. La prohibición de la lesión corporal, sin embargo, difícilmente puede servir el fin de proteger primariamente el bien colectivo de las buenas costumbres.

Dificultades similares para la doctrina de la exclusión del tipo se siguen de la punibilidad del homicidio a requerimiento. Si el dar

4 Acerca de las posiciones encontradas en el desarrollo histórico de la doctrina del consentimiento, véase: Honig, R. (1919). *Die Einwilligung des Verletzten*. Mannheim: Bensheimer, parte I, p. 32 y ss., 46 y ss., 60 y ss.

muerte a otro puede no representar una lesión del bien jurídico «vida», la razón de la prohibición no puede encontrarse en la protección de este bien. La salida de reformular la prohibición del homicidio a requerimiento como un delito de peligro abstracto para la protección, frente a una eventual precipitación en el manejo de la propia vida, parece artificiosa y es poco convincente[5]. Que el tipo delictivo del precepto presuponga un requerimiento expreso y serio del occiso muestra que el consentimiento típico desde el principio no puede tener el carácter de una decisión precipitada. Y además no hay controversia alguna acerca de que el dar muerte a otro también realiza el tipo si en el caso concreto no hay duda en cuanto a la seriedad de la voluntad de morir. Finalmente, la posición formal del parágrafo 216 en el respectivo sistema de delitos muestra inequívocamente que en este precepto se trata de un tipo privilegiado frente al homicidio simple[6].

3. Las propuestas de solución de la posición contraria dominante, que concibe el consentimiento como causa de justificación, son igualmente poco atractivas de cara a los problemas ya indicados. ¿Puede efectivamente sostenerse que un médico que efectúa una intervención curativa por cirugía contraviene la prohibición de las lesiones corporales y solo resulta justificado en virtud del consentimiento del paciente, tal como uno está justificado en una situación de legítima defensa o estado de necesidad?

Igualmente problemática es esta solución con la vista puesta en el tipo del homicidio a requerimiento. Si el consentimiento fuese una causa de justificación, entonces el mismo difícilmente podría reducir el injusto típico a modo de privilegio, resultando así incomprensible por qué el requerimiento expreso y serio aparece formulado como un elemento del tipo.

4. El problema que se esconde detrás de la ordenación sistemática del consentimiento parece ser el siguiente: de un lado, hay una ventaja formal en tratarlo como una causa de justificación, mientras que de otro parece materialmente más plausible, habiéndolo, negar o, en todo caso, tener por reducido el injusto típico.

---

5 Así, Jakobs (1993). *FS Arthur Kaufmann*, pp. 459-467 y ss.

6 Así ocurre entre el tipo del homicidio menos grave del § 213 StGB y el tipo privilegiado (ya derogado) de dar muerte a un infante del § 217 StGB, en su versión antigua.

En lo que sigue ha de mostrarse que las dificultades que trae consigo la clasificación sistemática no son fortuitas. El consentimiento no es un elemento negativo del tipo cuya satisfacción conduzca a su exclusión, como tampoco una causa de justificación en el sentido tradicional. Se trata, antes bien, de una exclusión del injusto sui géneris y, más precisamente, una razón que bajo determinados presupuestos suprime la validez de la respectiva norma de prohibición.

II. El consentimiento como regla permisiva

1. A continuación quisiera referirme a la función de las causas de justificación, lo cual requiere, a su vez, una breve revisión de la estructura de las normas jurídico-penales. El derecho penal conoce dos clases de normas: las de sanción y las de comportamiento. Las normas de sanción son directivas de conducta para el cuadro de funcionarios encargados de la persecución y jurisdicción penal. Ellas enuncian las condiciones bajo las cuales un comportamiento ha de ser sancionado penalmente. El contenido de las normas de sanción penal se deja extraer de los tipos delictivos de la parte especial, de las reglas generales de imputación y de los presupuestos del proceso penal. Entre los presupuestos necesarios de cada norma de sanción figura la condición de que la persona a ser sancionada haya cometido un injusto, esto es, que a través de su comportamiento haya expresado no querer acatar las exigencias de comportamiento jurídicamente correcto.

Tales exigencias se obtienen de las normas de comportamiento dirigidas o bien a cualquier persona o bien solo a personas especialmente obligadas. Estas normas de comportamiento se dejan subdividir en cuatro clases: prohibiciones que proscriben un determinado comportamiento, mandatos que lo prescriben, permisiones que lo autorizan y exenciones que autorizan la omisión de un comportamiento. En este sentido, las permisiones son la contrapartida de las prohibiciones, y las exenciones son la contrapartida de los mandatos.

El contenido de las prohibiciones y mandatos jurídico-penales se deja extraer, a modo de formulación contradictoria, de los tipos delictivos de la parte especial. Así, si el tipo delictivo dice que el dar muerte a otro ser humano es punible bajo los presupuestos adicionales de una norma de sanción penal, entonces la prohibición dirigida a toda persona dice que está prohibido matar a otro ser humano. Las permisiones y exenciones se hallan, en parte, expresamente regladas en el código penal, como es el caso de tratarse de la legítima defensa o del estado de necesidad. Pero ellas también pueden ser extraídas de la totalidad del ordenamiento jurídico. También valen, por principio, como permisiones en derecho penal las regulaciones de derecho público o privado, pero también regulaciones no escrituradas que autorizan la ejecución de un comportamiento.

2. Las exigencias de comportamiento jurídicamente correcto se obtienen de la conjunción de las normas de comportamiento que son relevantes para la evaluación de un caso concreto. En la medida en que solo una determinada norma resulta aplicable en una situación, no se presenta problema alguno, dado que solo entonces esta norma será determinante. Así, quien lesiona corporalmente a otro contra su voluntad, sin contar con una permisión para ello, se comporta de modo objetivamente antijurídico en el sentido de la prohibición de las lesiones corporales. Lo mismo vale si varias normas de la misma clase resultan aplicables a una situación, por ejemplo varias prohibiciones. En un caso tal, el comportamiento es antijurídico por diferentes razones. En cambio, si en la valoración de una determinada situación resultan aplicables normas de clases contrapuestas entre sí, entonces la valoración jurídica se vuelve contradictoria en ese mismo nivel lógico. Este es el caso, por ejemplo, de un comportamiento que está simultáneamente permitido y prohibido, o bien simultáneamente prohibido y ordenado.

Puesto que todas las normas del derecho se hallan sujetas al principio de no-contradicción, la colisión entre normas ha de ser solucionada en un nivel lógicamente superior, abriéndose así dos posibilidades. Por una parte, una de las normas puede prevalecer de modo irrestricto frente a la otra. Por ejemplo, la prohibición de las lesiones corporales resulta completamente desplazada por la permisión de la legítima defensa si el agente solo puede repeler una agresión peligrosa para su vida lesionando corporalmente al agresor. De otra parte, puede que una norma solo desplace a la otra de modo restringido. De acuerdo con el derecho alemán, este es el caso, por ejemplo, de si el que se defiende ha provocado la agresión; en una situación tal, él solo puede defenderse lesionando corporalmente al agresor, en caso de no poder retirarse o protegerse de otro modo.

3. La alternativa de solucionar las colisiones de normas en un nivel lógicamente superior, recurriendo a reglas de colisión, resulta

formalmente impuesta en cada sistema de normas que ha de ser aplicable bajo la máxima de proveer claras directivas de conducta para cada situación posible. Pero ciertamente —y ello es importante en nuestro contexto—, uno también puede evitar las colisiones sujetando desde el principio la norma a una cierta reserva. Así, uno puede prohibir el dañar una cosa ajena siempre que así no haya de evitarse un menoscabo considerablemente mayor para otro bien jurídico. La prohibición del daño de cosas se encontraría entonces sujeto a la reserva del impedimento de un estado de necesidad. Célebremente, la así llamada «teoría de los elementos negativos del tipo» intenta integrar permisiones, bajo formulación invertida, en los tipos de prohibición.

Welzel opuso a la teoría de los elementos negativos del tipo el sugestivo argumento de que el matar un mosquito sería algo distinto de matar a un ser humano en legítima defensa. Este argumento evidentemente falla en cuanto a la concreta exigencia de conducta, pues de conformidad con el derecho, matar un mosquito está tan permitido como matar a un ser humano en legítima defensa. En el nivel de la concreta directiva de conducta, el juicio correspondiente reza en ambos casos: permitido.

Sin embargo, en cuanto a los presupuestos bajo los cuales se llega a la concreta exigencia de conducta, el argumento es correcto. Por falta de una prohibición correspondiente, no existe razón alguna que hable en contra de matar un mosquito. Pero sí hay una razón que habla en contra de dar muerte a un ser humano, y esta razón tiene un peso tal que la prohibición de matar pertenece a las normas elementales del sistema jurídico. Y para que la prohibición de matar no rija, tienen que haber razones contrapuestas cuyo peso sea extraordinariamente grande. Lo cual quiere decir: también cuando la razón que habla contra el dar muerte a un ser humano pueda eventualmente dejar de valer en atención a las razones contrapuestas que hablan a favor de la permisión de la legítima defensa, aquella sigue existiendo como razón para la acción. En cierta medida, tal razón es como la espada de Damocles que queda suspendida sobre la permisión de la legítima defensa y cae y vuelve a convertir el comportamiento en prohibido, en el menor sobrepaso de los límites de la autorización.

Con ello quiero decir que el defensor de la teoría de los elementos negativos del tipo tampoco logra eludir el problema de tener que fundamentar precisamente la concreta directiva de conducta. Él tiene que explicar exactamente en qué medida los elementos negativos del tipo limitan a los positivos, y viceversa. También la teoría de los elementos negativos del tipo tiene que resolver el problema material que se esconde detrás de las colisiones de normas, a saber: la concurrencia de razones contrapuestas para actuar. Y por ello estimo más simple distinguir entre las razones que hablan a favor de una prohibición y las razones que hablan a favor de una permisión.

4. Quien acepta esto se ve expuesto al problema consiguiente de tener que proveer criterios para la distinción entre tipos delictivos y causas de justificación, pues el derecho penal solo protege excepcionalmente bienes jurídicos en términos absolutos, como en el caso de la prohibición de matar. En el caso normal, en cambio, el derecho penal prevé restricciones más o menos considerables. Así, por ejemplo, la prohibición de causar lesiones corporales bajo el derecho penal alemán no comprende el maltrato psíquico. O para dar otro ejemplo: la irrogación de un perjuicio patrimonial solo se encuentra prohibida a título de estafa bajo el presupuesto de que el autor persiga la obtención de un beneficio. ¿Tiene sentido incrustar esas restricciones en el tipo o se trata más bien de elementos negativos con carácter justificante encubierto? Parecería evidente que de la respuesta a esta pregunta también dependerá la respuesta a nuestra pregunta inicial acerca de la posición del consentimiento del lesionado en la construcción sistemática del hecho punible.

Si una norma prevé restricciones inmanentes, esto cuenta como indicio de que tal norma es el producto de una concurrencia de diversas razones contrapuestas, esto es, que ella representa una solución de compromiso. Esto se hace particularmente claro en el ámbito de la protección jurídico-penal del patrimonio, donde los antagonismos relevantes son igualmente fáciles de reconocer. El patrimonio no es protegido absolutamente respecto de cualquier menoscabo, sino solo frente a determinadas formas de ataque, tales como la sustracción, la coacción, el engaño o el aprovechamiento de una posición especial de confianza.

En esta medida, las normas jurídico-penales que protegen el patrimonio pueden ser entendidas como una coordinación de intereses contrapuestos entre sí. De un lado se encuentra la libertad general de acción de un participante en el tráfico negocial y del otro, el patrimonio como el conjunto de las posibilidades objetuales del libre desarrollo de la personalidad. La norma jurídico-penal de comportamiento interviene en este libre juego de fuerzas, designando las condiciones bajo las cuales la libertad general de acción del destinatario de la norma es restringida a favor de la protección del patrimonio ajeno; aquel debe abstenerse de menoscabar un patrimonio ajeno, a través de una sustracción, una coacción, un engaño o el aprovechamiento de una posición especial de confianza.

Este modelo de coordinación de la libertad general de acción del destinatario de una norma con determinados intereses protegidos vale para cada norma de comportamiento del derecho penal. Y aquí ha de observarse que la libertad general de acción es en sí misma un bien constitucionalmente protegido que solo puede ser restringido en atención a intereses de protección particularmente importantes. Esto con el añadido de que en el derecho penal la restricción de la libertad general de acción aparece sometida a una intervención particularmente intensa representada por la conminación legal de la pena. Aquí se halla la razón fundamental para el así llamado «carácter fragmentario» del derecho penal.

Aquello sobre lo cual quisiera hacer énfasis es lo siguiente: de lo que se trata en las normas de comportamiento del derecho penal es de una coordinación del bien de la libertad general de acción del destinatario de la norma con los bienes jurídicos respectivamente protegidos, esto es, el patrimonio, la integridad corporal, la libertad de desenvolvimiento sexual, el honor, etcétera. Se trata así de dos intereses contrapuestos que han de ser coordinados de modo tal que sean identificadas las condiciones bajo las cuales la libertad general de acción claramente se retraiga frente al respectivo interés protegido.

Esta coordinación es abstracta en dos sentidos distintos. Ella hace abstracción, primero, del titular concreto del bien jurídico protegido y así también de la pregunta de si una determinada persona en una situación específica tiene efectivamente interés en que el bien jurídico que se le adscribe permanezca salvaguardado. Y la coordinación de los intereses hace abstracción, en segundo término, de razones ulteriores que pudieran jugar un rol en la evaluación de un conflicto dado.

5. A continuación quisiera concentrarme en la segunda forma de abstracción, es decir, de aquella referida a razones ulteriores

que pudieran tener relevancia para la valoración jurídico-penal de una concreta situación de conflicto. Esta abstracción resulta necesaria por consideraciones prácticas, dado que resulta completamente imposible formular por adelantado exigencias de conductas concretas para toda situación vital imaginable. Solo se dejan establecer reglas de decisión con carácter de principios, con ayuda de las cuales puede obtenerse, entonces, la exigencia de conducta para el caso concreto, a través de una ponderación de los intereses contrapuestos.

Con arreglo a este modelo, los conflictos relevantes para el derecho penal pueden juzgarse en tres pasos sucesivos. Primero, ha de probarse si un suceso cae bajo un tipo delictivo. De afirmarse esto, entonces ya se ha establecido que un comportamiento está prohibido respecto al bien jurídico protegido, de acuerdo con la coordinación general de la libertad de acción del autor como destinatario de la norma. En un segundo paso se indaga en posibles razones que pudieran hablar a favor de una valoración diferente del hecho. Aquí se trata, y esto es lo importante, de la posible consideración de posteriores intereses merecedores de protección. Estos pueden ser intereses del autor, intereses de la víctima o intereses de la generalidad. Si tales intereses son identificados —por ejemplo en atención a una situación de legítima defensa o a un estado de necesidad—, entonces ha de preguntarse, en un tercer paso, cuál de las razones contrapuestas desplaza a las demás y en qué medida. El resultado de este triple paso es el concreto enunciado normativo acerca de la conformidad o contrariedad a derecho del comportamiento evaluado.

Si uno traslada este procedimiento de la valoración jurídico-penal de formas de comportamiento a la diferenciación entre tipos delictivos y causas de justificación, lo que se obtiene es una respuesta simple a la pregunta de qué elementos han de asignarse al tipo y cuáles a una determinada causa de justificación. Los elementos de un tipo delictivo son todas aquellas circunstancias que son de importancia para la coordinación abstracta de la libertad general de acción del destinatario de la norma y el objeto de protección relevante. A una causa de justificación pertenecen, en cambio, todas aquellas circunstancias que traen a consideración ulteriores intereses merecedores de protección. Así, por ejemplo, en el estado de necesidad, el peligro para un bien que claramente prepondera sobre el valor del bien afectado; o en la legítima defensa, la existencia de un bien agredido, como también el valor colectivo de la validez de una norma que es desautorizada por la agresión en cuestión.

De acuerdo con esto, el consentimiento del lesionado no puede constituir una causa de justificación, pues el mismo concierne exclusivamente a la relación entre autor y víctima referida al estado del bien jurídico protegido. Con la consideración del consentimiento del lesionado no es traído a colación interés alguno que tenga que ser considerado más allá de la norma prohibitiva correspondiente. Antes bien, se trata exclusivamente de la pregunta de si en el caso concreto también pueden reclamar pertinencia las razones que, en general, hablan a favor de la validez de esta norma[7].

III. El consentimiento como elemento negativo del tipo

1. No pudiendo ordenarse el consentimiento del lesionado como una causa de justificación, podría plantearse su ordenación como un elemento negativo del tipo. A favor de esta solución se ofrecen dos puntos de partida. De una parte, sería posible sostener que la alteración de un bien jurídico efectuada con el consentimiento de su titular no hubiera de valorarse como un menoscabo. De otra, sería posible argumentar que no hay diferencia alguna en si el lesionado mismo menoscaba atípicamente su bien o si en cambio deja que otro efectúe el menoscabo por él.

2. El primer argumento mencionado pareciera contar con una alta plausibilidad para casos típicos de la vida cotidiana. ¿Por qué habría que considerar la realización de un tatuaje en el brazo como un menoscabo de la integridad corporal si quien se deja hacer el tatuaje está feliz con ello? ¿O por qué debería constituir un daño de cosa que alguien quisiera que la cerca vieja de su jardín sea desmantelada y reemplazada por una nueva? ¿No debería uno dejar que

[7] Es materialmente equivocado, por lo mismo, fundamentar el carácter del consentimiento como causa de justificación con el argumento de que aquí, en el marco de una ponderación de bienes, la libertad de disposición del individuo prevalecería sobre el valor del bien jurídico. Así, sin embargo: Geppert (1971). *Rechtfertigende Einwilligung. ZStW, 83,* 952 y ss.; Jescheck, H.H. y Weigend, T. (1996). *Lehrbuch des Strafrechts, Allgemeiner Teil.* Berlín: Duncker & Humblot, GmbH, § 34 II 3; Noll, P. (1965). Tatbestand und Rechtswidrigkeit: Die Wertabwägung als Prinzip der Rechtfertigung. *ZStW, 77,* pp. 1-15.

sea exclusivamente el titular del bien quien responda a la pregunta de si su alteración ha de verse como favorable, neutral o perjudicial? Uno podría dar todavía un paso más y declarar la libertad de disposición sobre un bien como un bien jurídico en sí mismo. Entonces no sería la integridad corporal, sino la libertad de un ser humano de poder disponer sobre el estado de su cuerpo lo que sería protegido a través de la prohibición de las lesiones corporales. Una concepción tal parecería ser aún más atractiva cuando uno define los bienes jurídicos —tal como yo también lo sostengo[8]— como propiedades de personas, cosas e instituciones que sirven al libre desenvolvimiento del individuo en una sociedad constituida como Estado social y democrático de derecho.

Sin embargo, existe un argumento concluyente en contra de la negación de un menoscabo típico habiendo consentimiento del titular del bien jurídico. Si la alteración de un bien efectuada con el consentimiento del titular *per se* no pudiera ser un menoscabo, entonces sería conceptualmente imposible asociar consecuencias jurídicas a alteraciones perjudiciales de bienes que han sido consentidas por su titular. Asúmase que una persona que se encuentra en peligro de muerte solo puede ser salvada por un tercero si una cosa que me pertenece es destruida para ello. No solo sería contrarío al lenguaje ordinario no reconocer la destrucción de la cosa como un daño por el hecho de que yo esté de acuerdo con ello para el fin del salvamento de la vida de la persona en peligro, sino que además yo tampoco podría, por inexistencia de perjuicio, hacer valer una pretensión de resarcimiento en contra de la persona salvada. El derecho civil ve el asunto de manera ciertamente distinta, en tanto diferencia la exclusión de la antijuridicidad del daño de cosas en estado de necesidad, de una parte, y la pretensión de resarcimiento respecto de la cosa dañada, de otra.

De ello se sigue que si tiene sentido distinguir entre un menoscabo y la aceptación voluntativa de este menoscabo, entonces el derecho penal no tendría que renunciar a esta diferenciación. Aceptar menoscabos de bienes se corresponde con situaciones cotidianas de decisión, para así impedir un menoscabo más intenso de otros bienes. Un tratamiento dental doloroso no deja de representar una re-

---

[8] Kindhäuser. (2008). *Strafrecht Allgemeiner Teil*. 3.ª ed. Baden Baden: Nomos § 2 núm. marg. 6.

ducción del bienestar corporal porque uno se someta a él para impedir así un menoscabo corporal más severo. En esta medida, concebir el consentimiento como elemento negativo del tipo no debería augurar ventaja dogmática alguna.

3. Podría pensarse, sin embargo, en la posibilidad de integrar el consentimiento en el tipo como elemento negativo de la exigencia de menoscabo ajeno. En este sentido, que alguien produjera una alteración de un bien jurídico con el consentimiento de su titular sería visto como si el titular mismo hubiese efectuado la alteración. Considerado dogmáticamente, el consentimiento conduciría —análogamente a la autoría mediata— a una imputabilidad del comportamiento del autor al titular del bien jurídico. La acción podría ser vista, normativamente, como un actuar del propio titular del bien jurídico. Esta solución parece ser completamente plausible. Que en un arrebato de alegría alguien lance una copa de cristal de su propiedad contra la pared o que pida a otro que lo haga por él no parece tener una diferencia axiológicamente significativa.

Pero se plantea la pregunta de por qué en el caso del ejemplo no hay diferencia relevante si el titular del bien jurídico daña por sí mismo la copa o deja que un tercero la dañe; pues para ello podría haber dos razones. Por un lado, la irrelevancia de la diferencia podría encontrarse en que, en virtud del consentimiento, la responsabilidad por la destrucción de la copa se traspasara completamente desde el tercero hacia el titular del bien jurídico. Pero, por otro lado, la diferencia pudiera ser irrelevante por el hecho de que el consentimiento otorga al tercero el derecho de dañar la copa. En este caso, la equiparación normativa del daño de la copa por parte del tercero con el daño por parte del propio titular se funda exclusivamente en que la primera acción está tan permitida por el derecho como la segunda.

Ahora bien, hay mejores razones para conceptualizar el consentimiento, en el sentido de la segunda variante, como una razón para una permisión y no ya —yendo bastante lejos— como una razón para una regla de imputación que transfiriera completamente la responsabilidad por un comportamiento de una persona a otra, pues también en la coautoría cada quien conserva la plena responsabilidad por su comportamiento, haciéndose competente, al mismo tiempo, por el comportamiento de los demás. Solo en la autoría mediata tenemos el caso de que el hombre de atrás carga solo con la responsabilidad por el comportamiento del instrumento.

Esto tiene lugar, no obstante, bajo el presupuesto específico de que el instrumento no sea responsable, de antemano, por el comportamiento delictivo en cuestión. Una situación análoga a esta última no se da en el consentimiento, de modo tal que según los principios generales ha de asumirse que el tercero no pierde la responsabilidad por su comportamiento en virtud del consentimiento del titular, pues formalmente su comportamiento sigue siendo típicamente relevante: él lesiona corporalmente a otro, lo mata o daña una cosa ajena.

4. Como resultado provisional puede mantenerse, entonces, que el consentimiento deja intacta la realización del tipo delictivo correspondiente. No hay posibilidad alguna de integrar plausiblemente el consentimiento como elemento negativo en el tipo de un delito de lesión. Pero dado que también sería asistemático considerar el consentimiento como una causa de justificación, ninguna de las propuestas actuales de solución alcanza a producir una ordenación del consentimiento que sea convincente en la construcción del hecho punible.

IV. El consentimiento como razón de cancelación de la norma

1. No obstante, el consentimiento no se deja concebir como un elemento negativo del tipo; él se encuentra en todo caso referido a la coordinación de intereses entre el autor y el titular del bien jurídico. Ahora bien, el consentimiento no concierne a las condiciones típicas bajo las cuales, según la ponderación general de intereses, el interés de protección prevalece genéricamente sobre la libertad de acción del destinatario de la norma. ¿Qué rol puede desempeñar el consentimiento, entonces, si de acuerdo con el principio general del *volenti non iniuria* él hace desparecer el injusto de un hecho?[9]

Las normas de comportamiento del derecho penal, como ya fue explicado, son coordinaciones generalizadas de intereses. Esto requiere una valoración abstracta de los bienes en conflicto. A los bienes de la vida, la integridad corporal, el honor, la autodeterminación sexual, el patrimonio, etcétera se adscribe un valor, el cual pue-

[9] Así, la tradicional formulación abreviada de la fórmula de Ulpiano: «*nulla iniuria est, quae in volentem fiat*» (Digesto 47, 10, 1, 5).

de reflejar, con mayor o menor exactitud, el valor posicional que el bien respectivo ocupa en la sociedad, como también su ordenamiento valorativo constitucional. Se entiende por sí mismo que esta valoración puede desviarse decisivamente de las preferencias del ciudadano individual.

De la posibilidad de que el valor abstracto de un bien difiera considerablemente de las preferencias de los concretamente afectados por una norma se sigue el siguiente dilema;

Por un lado, el derecho tiene que establecer, de modo generalmente vinculante, cómo han de ser valorados los intereses que colisionan recíprocamente en determinados conflictos sociales, en qué relación se encuentran y, sobre todo, en qué medida el valor del bien jurídico protegido debería tener prioridad sobre la libertad general de acción del autor. Por otro lado, sin embargo, el bien prioritario no es protegido por mor de su valor abstracto, sino como medio para el libre desarrollo personal de su titular. Este dilema entre interés abstracto e interés concreto solo alcanza a zanjarse, precisamente, mediante la posibilidad del consentimiento.

La coordinación abstracta de intereses solo vale bajo el presupuesto de que el titular del bien protegido, en un caso concreto, no haya renunciado declaradamente al interés en su conservación inalterada[10]. Así visto, con el consentimiento decae la razón para seguir la norma abstracta en el caso concreto. Puesto que el interés protegido constituye el fundamento de la norma jurídico-penal de comportamiento, con el consentimiento resulta cancelado el fundamento de validez de la norma[11].

---

[10] Con la renuncia a la protección jurídica se fundamenta reiteradamente el carácter del consentimiento como causa de justificación, véase: *BGHSt 17,* 359 (360); Wessels, J. y Beulke. W. (2003). *Strafrecht Allgemeiner Teil.* Heidelberg: C.F. Müller, núm. marg. 370; Geerds, F. (1960). Einwilligung und Einverständnis des Verletzten im Strafgesetzentwurf. ZStW, *72,* pp. 42-43; Krey, V. (2004). *Deutsches Strafrecht Allgemeiner Tei.* 2.ª ed., tomo 1. Stuttgart : W. Kohlhammer, núm. marg. 621; Lackner # Kühl (2007). *Strafgesetzbuch mit Erläuterungen.* 26.ª ed. München: C.H. Beck, vor § 32, núm. marg. 10; Lenckner (2006). Kommentar. En Schönke y Schröde, *Strafgesetzbuch.* 27.ª ed. München: C.H. Beck, vor § 32, núm. marg. 33; Otto (1995) *FS Geerds,* pp. 603-613.

[11] La concepción del consentimiento como razón de cancelación *(cancellation condition)* de una norma de comportamiento puede analizarse en el sentido de Raz, J. (2006). *Praktische Gründe und Norme.* Frankfurt: Suhrkamp, p. 31. También se encuentra desarrollada en Mañalich, J.P. (2008), *Nötigung und Verantwortung.* Bonn: Diss, primera parte, § 2.

2. A favor de la concepción del consentimiento, como razón de cancelación de la norma, también habla una consideración de viabilidad práctica. Las normas de comportamiento determinan, de modo generalizado, qué comportamiento es jurídicamente correcto; ellas fijan las expectativas que los ciudadanos mantienen recíprocamente. En tal medida, el contenido de una norma no puede orientarse hacia las preferencias individuales de los respectivamente afectados, pero la validez de una norma en su conjunto sí puede verse cancelada bajo determinadas condiciones. Este es el caso de normas permisivas que están en conflicto con normas prohibitivas, pero también puede serlo en el caso de un consentimiento. En esta medida, el modo del efecto del consentimiento se corresponde con el de una causa de justificación.

3. Ahora bien, si el consentimiento deja intacto el contenido de la norma y, por ende, el tipo delictivo correspondiente, y solo cancela la validez de la norma en el caso concreto, entonces también se dejan explicar sin dificultad la exclusión y la limitación del consentimiento en los casos de homicidio a requerimiento y de lesiones corporales contrarias a las buenas costumbres. Aquí puede ser útil echar un vistazo a la diferencia entre obligaciones contractuales y obligaciones jurídico-penales. La diferencia se encuentra en que los deberes contractuales emanan de la autonomía privada; es asunto exclusivo de las partes de un contrato cómo ellas configuran sus deberes de prestaciones recíprocas y cómo se atienen al cumplimiento de estos deberes.

Es cierto que los deberes jurídico-penales de conducta, en el ámbito de los bienes jurídicos individuales, sirven a los intereses de protección del respectivo titular del bien jurídico. Sin embargo, el cumplimiento de estos deberes es exigido, al mismo tiempo, en interés de la generalidad, pues las normas de comportamiento del derecho penal deben ser precisamente estándares generalizados de comportamiento jurídicamente correcto. De ello se sigue: si va en interés de la generalidad que el titular del bien jurídico pueda decidir con pleno alcance acerca de la validez de una norma de comportamiento, entonces puede reconocerse al respectivo titular la posibilidad irrestricta de un consentimiento. Un ejemplo de esto es el daño de cosas: puesto que la propiedad representa un poder de plena disposición sobre cosas según el propio arbitrio, aquí no se justifican limitaciones al consentimiento en interés general.

Al tratarse de los bienes de la integridad corporal y de la vida, el asunto se presenta de manera distinta. Ciertamente no hay razón alguna para imponer restricciones al individuo en el manejo de su cuerpo y de su vida a través de su propio comportamiento. En tal medida falta ya desde el principio una contradicción generalizable entre la libertad general de acción y un interés de protección específico. Antes bien, libertad de acción e interés de protección caen juntos habiendo identidad de la persona afectada.

Pero en el ámbito de la protección de la vida puede ir en interés de la generalidad declarar irrestrictamente vinculante el estándar generalizado del tabú de matar a otro. De modo debilitado, esto también vale para las lesiones corporales contrarias a las buenas costumbres, y precisamente si el atentado a las buenas costumbres se funda en la gravedad de la afectación corporal respectiva, por ejemplo, en caso de la pérdida del oído o de la capacidad visual en un ojo[12].

Yo no alcanzo a divisar un «paternalismo» propiamente tal en esta restricción. Sería paternalista, por ejemplo, que por protección de la propia persona se declarara punible el quitarse la vida o la automutilación. Pero este no es el caso. Y puesto que las autolesiones de este tipo no son desvaloradas penalmente, tampoco está prohibida la participación de terceros en ellas, a saber, a modo de complicidad. Pero prohibir a alguien el poner fin a la vida de otro no resulta paternalista, ni siquiera allí donde quien quiere morir lo solicita enérgicamente. A quien está harto de vivir no se prohíbe morir, sino solo se le prohíbe que esa muerte sea causada por mano ajena. Que en el caso concreto esta pueda ser la única posibilidad de encontrar la muerte para quien está harto de vivir, puede fácticamente tener el efecto de una tutela paternalista. Mas en la fundamentación de normas y su validez no se trata de dar cuenta de situaciones fácticas específicas, sino de establecer coordinaciones generalizadas de bienes en conflicto en interés general.

---

[12] Así, para un análisis más profundo, véase: Arzt (1970). *Willensmängel bei der Einwilligung*. Frankfurt: Athenäum, p. 36 y ss.; Jakobs (1991). *Allgemeiner Teil, Die Grundlagen und die Zurechnungslehre*. 2.ª ed. Berlín: De Gruyter, pp. 14-9; Weigend (1986). Über die Begründung der Straflosigkeit bei Einwilligung des Betroffenen. *ZStW 98*, pp. 44-64 y ss. Hirsch (1999) *FS Welzel*, pp. 775-798 y ss.; Otto (199). *FS Geerds*, pp. 603-618 y ss.

EL DENOMINADO «RIESGO NO PERMITIDO»[1]

I. Objetivo

1. El primer trabajo en el que se discute el concepto de imputación objetiva es del año 1930 y lleva el título «Causalidad e imputación objetiva»[2]. Su autor fue Richard Honig, quien poco después, a causa de la dictadura nacionalsocialista, emigró a Estados Unidos y volvió después de acabar la guerra, aunque se dedicó a otros ámbitos del derecho, dejando así el derecho penal. Ahora bien, para el posterior desarrollo de la teoría de la imputación objetiva, la situación no era demasiado favorable no solamente por motivos políticos, sino también por motivos científicos, pues la teoría final de la acción de Welzel había ocupado el primer plano de la discusión.

No obstante, desde una perspectiva actual, la investigación del planteamiento de Honig se presenta como una innovación dogmática de gran significado para la teoría general del delito. Como ocurre con todas las innovaciones significativas, se trata de una idea fundamental, pero sencilla: las normas se observan mediante acciones. Así, solamente se puede hacer penalmente responsable a una persona del resultado lesivo que ha causado, en caso de que hubiera podido evitar dirigidamente este resultado mediante su actuar.

Ciertamente, Honig estaba todavía atrapado en la denominada «construcción causal del delito», según la cual el injusto típico se agota en la causación de un resultado y solamente en el ámbito de la culpabilidad se examina si el autor individual, en virtud de su capacidad de acción y de su motivación, habría estado en condiciones de evitar el resultado. Sin embargo, para lograr ya en el nivel del tipo una limitación de la responsabilidad penal a las

---

1 Traducción de Nuria Pastor Muñoz.

2 Cfr. FS Frank, p. 174 y ss.

causaciones evitables de resultados, Honig refería el deber de acción a un destinatario ficticio de la norma. El autor llamaba a esta imputación objetiva, porque esta todavía no se refería a las capacidades del autor concreto, sino a una persona-modelo dotada de capacidades medias.

En mi primera conferencia sobre el tipo subjetivo en la construcción del delito he intentado mostrar que la definición del deber de acción mediante un destinatario ficticio de la norma no solo es superflua, sino que además conduce a una plétora de problemas aparentes. Los bienes jurídicos no son protegidos por personas ficticias, sino por personas reales. Por eso, es correcto que la definición del deber de acción se ha de efectuar planteándose cómo se debería haber comportado un ciudadano fiel al derecho en la situación de decisión del autor.

Pero este ciudadano también debe estar dotado de los conocimientos y las capacidades físicas del autor concreto. Ello es así porque exigimos de ese autor concreto que como ciudadano fiel al derecho utilice sus capacidades de tal manera que no cause daño alguno. Aquello que no puede evitar este tipo de ciudadano, ni con la mejor de las voluntades, no puede ser protegido mediante normas que se dirigen a la voluntad del individuo.

2. Que solamente los resultados evitables por el individuo sean imputables como realización del tipo es hoy en día una opinión totalmente dominante en la doctrina jurídico-penal alemana. No obstante, está muy extendida la opinión según la cual en el delito doloso también es necesaria una imputación objetiva. Ya a primera vista esta situación parece incoherente, porque la actual teoría de la imputación objetiva se apoya, ciertamente, en Honig[3]; pero no ha desarrollado el planteamiento de este último, sino que más bien se ha sustituido el criterio de imputación de la susceptibilidad objetiva de perseguir como fin la evitación del resultado *objektive Bezweckbarkeit,* esto es, la exigencia de un nexo de acción entre el comportamiento del autor y el resultado, por una modificación del nexo causal. Con ello, y sin darse cuenta en absoluto, se acaba quedándose muy por detrás de las comprensiones de Honig, pues este último explicó con argumentos convincentes que un curso causal solamente puede ser el objeto y no el fundamento de la imputación jurídico-penal; el fun-

---

[3] Así, expresamente, Roxin (1970). *Honig-FS,* p. 133 y ss.

damento de la imputación es más bien la posibilidad de la evitación final del curso causal lesivo.

Los actuales representantes de la teoría de la imputación objetiva entienden por esta una modificación sumamente afiligranada de la teoría de la causalidad adecuada. La denominada teoría de la adecuación pretendía restringir el nexo causal jurídico-penalmente relevante entre comportamiento del autor y resultado y cursos causales que se mueven en el marco de la expectativa ordinaria. Pues bien, la teoría de la imputación objetiva traza límites significativamente más estrechos a los cursos causales jurídico-penalmente relevantes estableciendo tres exigencias. Esta teoría considera que la causación de un resultado solamente es imputable cuando, en primer lugar, el autor ha incrementado objetivamente el riesgo de la producción de un resultado típico; en segundo lugar, este riesgo ha de ser considerado como jurídicamente no permitido, y, en tercer lugar, el riesgo se ha realizado en la producción del resultado[4].

En mi tercera conferencia quiero someter el primer y tercer presupuesto —esto es, los requisitos de un incremento del riesgo y de un nexo de riesgo— a un examen crítico. En este momento solamente quiero analizar la exigencia de la teoría de la imputación objetiva de que el riesgo creado por el autor debe ser no permitido. En parte, también se dice —sin que existan diferencias de contenido— que el autor tiene que haber creado un riesgo jurídicamente desvalorado.

II. Función del riesgo permitido

1. Cuando la teoría de la imputación objetiva exige que el autor tiene que haber creado un riesgo no permitido como presupuesto de la posibilidad de imputar un resultado, se trata de valorar una causa. Un riesgo se realiza en un resultado cuando aquel es una causa de este. De esta manera, la teoría de la imputación objetiva divide las causas de un resultado entre causas permitidas y causas no permitidas y lo hace, en concreto, con la siguiente consecuencia: quien coloca una causa permitida no realiza el tipo objetivo de un delito.

Ahora, la teoría de la imputación objetiva no pretende abandonar de ningún modo la distinción entre tipicidad y antijuricidad, sino que, más bien, diferencia entre dos clases de causaciones per-

[4] Por ejemplo, Roxin (2006). *ATI*, 4.ª ed., § 11, núm. marg. 47.

mitidas de resultados. Por una parte, considera que hay causas que impiden la afirmación de la realización de un tipo, ya por el hecho de estar permitidas. Quien coloca esas causas no actúa, en ningún caso, de manera penalmente relevante. Las causas de esta clase son calificadas de riesgos permitidos y no fundamentan *per se* ninguna responsabilidad por las consecuencias. Por otra parte, hay causaciones que son ciertamente típicas y están prohibidas en general, pero que debido a una situación específica de justificación están excepcionalmente permitidas. A estas causaciones permitidas del resultado pertenece, en virtud de una situación específica de justificación, la lesión al agresor en una situación de legítima defensa, por ejemplo.

2. Ahora bien, según la *Lex lata,* ya es posible que se pueda realizar una aportación causal a un resultado típico sin cometer al mismo tiempo un injusto jurídico-penal.

En el entramado causal de la vida social, los comportamientos están relacionados entre sí de modos muy diversos; por ello, solamente responde jurídico-penalmente quien cumple los presupuestos de las reglas de la intervención. En este sentido, la autoría presupone dominio del hecho, y la participación requiere la Intervención dolosa en el hecho principal doloso de otro. Ya debido a estos presupuestos, el derecho penal abarca solamente un segmento minúsculo de la cocausación fáctica de resultados.

Sin embargo, la teoría de la Imputación objetiva pretende restringir aún más el círculo de la potencial realización del tipo, yendo más allá de estos criterios que ya vienen dados previamente por la *Lex lata.* Según aquella teoría, hay comportamientos que podrían reunir los presupuestos formales de una realización dolosa del tipo, a título de autoría, que han de excluirse por no ser típicos y, nuevamente, eso es así cuando el comportamiento en cuestión se mueve dentro del marco de un riesgo permitido.

3. Para definir con más detalle la permisión de la creación del riesgo se mencionan criterios muy diversos, de los cuales solamente quiero nombrar y discutir los más mencionados. Se le da especial importancia a la observancia de las reglas de seguridad en ámbitos peligrosos. Así, por ejemplo, se considera que quien causa un accidente no realiza el tipo objetivo de un delito de lesión, pese a haber respetado las normas vigentes del tráfico rodado. Además, se dice

que las consecuencias lesivas de un comportamiento socialmente adecuado o conforme al rol son en general inadecuadas para cumplir un tipo objetivo. Por último, se considera que no hay realización de un tipo cuando el lesionado ha consentido, de modo jurídicamente eficaz, al comportamiento arriesgado del autor o cuando el lesionado ha asumido por su cuenta el riesgo de una lesión, según los principios del actuar.

Como puede verse, esta variopinta mezcla de criterios para definir riesgos permitidos no se basa en un principio unitario, sino que en ella confluyen aspectos muy distintos de la valoración jurídico-penal, los cuales hacen necesario analizar con más precisión cada uno de los criterios mencionados. En lo que sigue quiero mostrar que desde la perspectiva de la teoría del derecho hay cuatro posibilidades muy distintas con base en las que se puede reducir el ámbito de aplicación de una norma, a saber: en primer lugar, mediante las capacidades, solo limitadas, de su destinatario para observarla; en segundo lugar, mediante el alcance de su contenido; en tercer lugar, mediante normas que están en colisión con ella, y en cuarto lugar, mediante razones que suprimen total o parcialmente la validez de la norma. En esta medida se plantea la cuestión de en cuáles de estas cuatro posibilidades hay que clasificar cada uno de los criterios de riesgo permitido mencionados y la cuestión de si también cumplen los presupuestos de estas restricciones. Se mostrará que en gran parte esto no es así.

III. Norma e imputación

1. Un primer principio del que derivan importantes restricciones de la responsabilidad penal es el principio *ultra posse nemo obligatur,* nadie está obligado más allá de su poder[5]. Este principio adquiere su significado en derecho penal con vistas a la capacidad para observar las normas jurídico-penales. Con ello quiere decirse lo siguiente: entre los presupuestos cuya concurrencia permite que alguien sea penado se cuenta el presupuesto de que el sujeto se haya comportado de manera antijurídica, esto es, que no se haya comportado como debería haberlo hecho en virtud del derecho. Cómo

[5] O con otra formulación: *impossibilium nulla est obligatio.* Sobre el análisis de la relación entre poder y deber, desde la perspectiva de la teoría de las normas, confróntese: Hruschka (1979). Zwei Axiome des Rechtsdenkens. En Ackermann & Albers (Eds.). *FS Reimers.* Berlín: Duncker & Humblot, p. 459 y ss.

no hay que comportarse es algo que surge de los tipos de delito de la parte especial, los cuales parafrasean en una formulación contradictoria el acontecer que no debería ocurrir. Por ejemplo, del tipo según el cual la causación de la muerte de una persona es punible se puede deducir la norma según la cual no debe ocurrir la causación de la muerte de una persona.

Estas normas se observan mediante acciones. En ese sentido, de la norma que prohíbe el homicidio surge el deber de acción de no comportarse de tal modo que se cause la muerte de una persona, o formulado de manera inversa: una persona actúa contrariamente a deber cuando no se comporta de un modo en que pueda evitar la causación de la muerte de una persona.

En esta construcción se expresa mediante el concepto de deber la vinculación de una persona a una norma en virtud de su capacidad de acción. Por tanto, el deber-ser general de la norma se concreta mediante la posibilidad de observarla en un deber concreto, por medio de comportamientos. De ahí que la lesión del deber sea, a la vez, el fundamento jurídico-penalmente relevante para imputar a alguien la realización del acontecer que no debe ocurrir. En la terminología jurídico-penal también es habitual caracterizar la lesión del deber como «injusto de acción», y la realización del tipo objetivo del delito como «injusto de resultado». Expresado con más precisión: el injusto de resultado es el objeto de la imputación jurídico-penal, y el injusto de acción es el fundamento de tal imputación.

Pues bien, el principio *ultra posse nemo obligatur* significa que nadie está atado a una norma más allá de su capacidad de acción. Ciertamente, la capacidad de acción no es un límite al injusto de resultado, pero sí un límite al deber de evitarlo y, con ello, un límite a la posibilidad de su imputación jurídico-penal.

2. Así pues, en nuestro contexto es relevante que la falta de capacidad de acción no libera de responsabilidad jurídico-penal al destinatario de la norma desde un principio, sino solamente en el caso en que este no tenga que responder por su propia incapacidad. Un ejemplo: si en su casa un catedrático sale de la habitación de trabajo, va a la cocina para preparase un café y, en esas, pisa a su bebé que está jugando en el suelo, no puede exonerársele frente a su enojada mujer con el argumento de que no ha visto al niño porque estaba enfrascado en sus pensamientos. Ello es así porque de quien

tiene indicios de que hay un niño en el suelo se espera que mire cuidadosamente por dónde pisa.

Tales expectativas en la capacidad de acción se denominan «reglas de cuidado», de lo que se deduce el principio general de imputación según el cual nadie puede alegar su falta de capacidad de acción para observar una norma cuando habría tenido tal capacidad en caso de haber observado el grado de cuidado que se esperaba de él. Esto exige que se efectúen dos pasos en el análisis para imputar un resultado: en primer lugar, hay que averiguar si la incapacidad de acción se debe a una infracción del cuidado, y, acto seguido, hay que examinar si el resultado también habría sido realmente evitable en caso de que se hubiera respetado el cuidado esperado. Según nuestro ejemplo, en el caso en que un hijo del catedrático se ha escondido detrás de un armario y, de repente, salta hacia su padre, colocándose delante de sus pies, este tampoco habría sido capaz de evitar la colisión en caso de que hubiera andado por la habitación con gran cuidado. Desde estos presupuestos, el principio *ultra posse nemo obligatur* habría evitado la imputación del resultado, incluso si el catedrático hubiera andado por el piso gravemente contrario a cuidado.

3. En derecho penal esta atribución cotidiana de responsabilidad se conoce bajo el concepto de «responsabilidad por imprudencia». De un destinatario de la norma fiel al derecho no solamente se espera que evite resultados que considera probables, sino que de él también se espera que cuide de poder reconocer a tiempo causaciones probables de resultados mediante su comportamiento, para así evitar daños.

La pregunta decisiva para la responsabilidad jurídico-penal por imprudencia reza: ¿en qué medida el destinatario de una norma ha de velar por su capacidad de evitar resultados? En la sociedad actual, —que en la sociología se caracteriza como «sociedad del riesgo»—, el problema adquiere mucha importancia, en especial en los múltiples ámbitos de la vida que están vinculados a considerables peligros. Por ejemplo, mencionemos solamente el tráfico rodado, la economía de la energía o la producción de sustancias químicas. En tales ámbitos peligrosos, la persona no está en condiciones de evitar totalmente la producción de daños, ni siquiera en caso de que se valga de recursos técnicos óptimos. Si se acepta su existencia debido a la utilidad global de estos ámbitos peligrosos y pese a los posibles daños, entonces hay que decidir qué daños se han de imputar al ámbito peligroso y qué daños, al fallo humano.

Tal decisión se puede ver bien de la mano del ejemplo del tráfico rodado: para la intervención en este último se exige, de entrada, la acreditación de conocimientos y capacidades físicas fundamentales como presupuesto para obtener un permiso de conducir. Después hay reglas generales de seguridad muy variadas sobre la conducción correcta, aunque también una plétora de indicaciones sobre el comportamiento con referencia a una situación, como, por ejemplo, limitaciones de velocidad, reglas de preferencia de paso, etc. Pues bien, quien no se somete a las reglas de seguridad que hay que observar en el tráfico rodado corre el riesgo de no ser capaz de evitar daños en la medida en que se espera, en virtud del derecho, de una persona esmerada que interviene en este ámbito peligroso.

Si se produce un accidente que se podría haber evitado respetando las correspondientes reglas de seguridad, la persona que interviene en el tráfico no puede alegar su falta de capacidad de evitación para exonerarse, sino que ha de responder jurídico-penalmente por el daño típico que ha causado. Por tanto, el daño se imputará a su fallo humano y no al ámbito peligroso del tráfico rodado. En cambio, si una persona que interviene en el tráfico respeta las reglas de seguridad, no se le imputarán los daños cuya causación, con todo, no puede evitar.

Con un ejemplo: en un determinado tramo de calle, un conductor respeta la velocidad máxima permitida; repentinamente un peatón cruza corriendo la calle, es alcanzado por el vehículo y muere. Si el conductor de este caso hubiera circulado en vez de a 80 km/h —velocidad permitida— solamente a 20 km/h, habría podido frenar o esquivar al peatón a tiempo. Por tanto, el conductor habría podido evitar totalmente el accidente si hubiera procurado obtener, en mayor grado, la capacidad de acción necesaria en este caso, toda vez que un comportamiento de los peatones de tales características no cae fuera de la experiencia de la vida.

Sin embargo, del conductor no se espera este mayor grado de capacidad de evitación, pues mediante la indicación de la velocidad máxima se le ha permitido ser incapaz de acción en cierto grado. Este grado de incapacidad de acción no se le imputa al conductor, sino a los peligros del tráfico rodado. Puesto que estos están permitidos, se puede hablar, en esa medida, de la realización de un riesgo permitido. Constituiría una autocontradicción del derecho que, por una parte, a un conductor se le permitiera ser incapaz de evitación en un determinado grado y que se le imputaran, por otra parte, sin embargo, las consecuencias lesivas resultantes de la falta de capacidad de evitación.

4. De estas consideraciones se sigue que los daños que no se pueden evitar son daños no imputables a su causante, ni siquiera respetando las reglas de seguridad esperadas en un ámbito peligroso. El riesgo permitido es, en cierta medida, el «riesgo residual» que, en un ámbito peligroso, no se puede excluir ni siquiera empleando el cuidado esperado. Con ello, el riesgo permitido es la otra cara de la infracción del cuidado: quien actúa peligrosamente de manera permitida no actúa contrariamente a cuidado. Y a la inversa: quien actúa contrariamente a cuidado actúa peligrosamente de manera no permitida.

Aplicado a la diferenciación entre injusto de acción e injusto de resultado, esto significa que el riesgo permitido no excluye el último injusto. Es incorrecto que la teoría de la imputación objetiva vea en la creación de un riesgo permitido una permisión de la causación de un resultado. La observancia de la velocidad máxima permitida no da un derecho a matar a otra persona que interviene en el tráfico como, por ejemplo, la permisión de la legítima defensa sí da el derecho a lesionar a un agresor. De ahí que matar a una persona en el tráfico rodado constituye un injusto objetivo, a diferencia de lo que ocurre con la lesión a un agresor en legítima defensa. El riesgo permitido excluye, más bien, solamente el injusto de acción. Quien actúa peligrosamente de manera permitida no actúa contrariamente a deber, con la consecuencia de que no tiene que responder del injusto de resultado que ha causado, pues no ha realizado imprudentemente el injusto de resultado.

Ahora bien, de ello también se deriva que en el delito doloso no puede existir un riesgo permitido en el sentido mencionado. La observancia de las reglas de cuidado exonera solamente del reproche de no haber sido capaz de evitar en grado suficiente. En cambio, quien es capaz de evitar y, sin embargo, causa un resultado conocido por él como probable actúa siempre contrariamente a deber. Un conductor que lesiona a un peatón, pese a que estaba, sin más, en condiciones de evitarlo, actúa dolosamente y no se mueve en el marco del riesgo permitido. En esa medida, es errónea la tesis de la teoría de la imputación objetiva según la cual el riesgo permitido excluye del mismo modo la responsabilidad por dolo y por imprudencia.

IV. Tipicidad y antijuricidad

1. Ahora quiero tratar dos más de las cuatro posibilidades mencionadas de restringir el alcance de las normas de comportamiento. Una de estas dos posibilidades resulta trivial a primera vista: cuantos más elementos conceptuales contenga una norma, menor es su ámbito de aplicación. Por ejemplo, el tipo alemán del robo exige que este tenga lugar mediante el empleo de violencia contra una persona, así que el hurto que tiene lugar empleando violencia no contra una persona sino sobre una cosa no es tal. Por tanto, al añadir un elemento adicional al tipo de un delito, se reduce el alcance de este tipo.

2. Junto a este modo de limitar en cierta medida el alcance de una norma desde dentro, mediante adicionales elementos del tipo, viene al caso —como posibilidad adicional— de una restricción desde fuera, pues junto a las normas de comportamiento cuyo contenido se formula contradictoriamente mediante los tipos de delito hay otras que expresan permisiones. A estas pertenece, por ejemplo, la permisión de defenderse de una agresión antijurídica y, en concreto, al precio de la lesión seria o, incluso, de la muerte del agresor. En derecho penal, tales normas tienen la función de justificar un comportamiento en sí y por sí prohibido y, por consiguiente, se denominan «causas de justificación». A diferencia del riesgo permitido, el cual, como se ha mostrado, solamente se refiere a exigencias de cuidado, las normas de permisión eliminan el injusto de resultado. En una situación de legítima defensa, la lesión o, inclusive, el homicidio del agresor no constituyen un injusto.

Las normas de permisión se imputan como las normas de prohibición. Aquellas también tienen un tipo subjetivo, aunque en el caso de la permisión su lado subjetivo tiene una función distinta a la que tiene en el caso de la prohibición, pues mientras que en esta se obliga a un destinatario conforme a sus conocimientos, en el caso de una permisión se autoriza a un comportamiento conforme a sus conocimientos.

En caso de que una prohibición y una permisión coincidan, entran en colisión fundamentos que son incompatibles para actuar.

Por ejemplo, en una situación de legítima defensa, la prohibición de maltratar corporalmente a otro colisiona con la permisión de defenderse de una agresión antijurídica también maltratando corporalmente al agresor. Puesto que el derecho no puede contradecirse a sí mismo permitiendo y prohibiendo al mismo tiempo la causación del mismo resultado, tiene que haber una regla de la qué deducir cuál de las dos normas prevalece sobre la otra. No es cierto que en derecho penal una permisión siempre desplace totalmente a una prohibición. Así, por ejemplo, el derecho alemán conoce una serie de restricciones de la legítima defensa en caso de agresiones de cónyuges, niños e incapaces. No obstante, en conclusión, está claro que la regla de colisión tiene que dar un mensaje claro sobre si se puede o no causar el resultado mediante un determinado comportamiento.

3. Pues bien, cuando una norma de prohibición puede ser restringida bien desde dentro, mediante elementos del tipo adicionales, o bien desde fuera, mediante una causa de justificación, se plantea la pregunta de en dónde hay que clasificar una circunstancia limitadora de la norma. Ciertamente, la clasificación no modifica en nada la conclusión concreta: una causación de un resultado no constituye injusto alguno, tanto si falta el tipo como si concurre una causa de justificación. Sin embargo, la distinción es relevante desde la perspectiva pragmática y, en concreto, con vistas a la valoración de los intereses que están en tela de juicio.

Según una famosa frase de Welzel, existe una diferencia relevante entre matar atípicamente a un mosquito y matar a una persona en legítima defensa[6]. Es cierto que normológicamente el comportamiento no está prohibido ni en un caso ni en el otro, pero las fundamentaciones de esta conclusión difieren de manera importante: cuando se mata a un mosquito no hay ningún interés relevante de protección. En otras palabras, frente a la libertad de acción del autor no se encuentra interés alguno que pudiera conducir a una restricción de la libertad de acción. En el caso de la legítima defensa, la situación es precisamente la inversa: en este supuesto, frente al interés del autor de actuar matando a otro se opone el interés de protección, que, en principio, es prevalente en la integridad de la vida. Y solamente debido a la circunstancia especial de que el autor

[6] Welzel, H. (1969). *Das Deutsche Strafrecht*. 11.ª ed. Berlín: de Gruyter, p. 81.

se defiende de una agresión antijurídica, el interés del autor prevalece sobre el interés de la víctima.

Esta idea puede generalizarse: las normas son necesarias para coordinar intereses y, de este modo, garantizar espacios libres para la utilización, libre de conflictos, de los bienes jurídicos. Con ello, las prohibiciones jurídico-penales de comportamiento conciernen a la coordinación entre la libertad general de acción del destinatario de la norma —entendida como independiente de la situación—, por un lado, y un interés especial individual o colectivo en la integridad de un bien jurídico, por el otro.

Esta coordinación de los intereses opuestos puede tener lugar de manera tal que el interés de protección prevalezca de manera ilimitada, en principio, sobre la libertad de acción. Esto es lo que ocurre, por ejemplo, en el homicidio, que es un delito de puro resultado. En el supuesto de la prohibición de las lesiones, en derecho alemán la protección ya está limitada, en la medida en que la actuación ha de tener efectos somáticos; un mero efecto psíquico no queda abarcado. También en el caso de la protección de la integridad de las cosas se deja fuera, por ejemplo, los efectos provocados mediante la luz, el ruido o el hedor.

Nuevamente, resulta muy complicada la coordinación de intereses en el caso de la estafa. Según el derecho alemán, un engaño solamente está penalmente prohibido en caso de que conduzca a un desplazamiento patrimonial, y no cuando solamente lleva a un perjuicio patrimonial. Dicho brevemente: los tipos de delito son expresión de una coordinación más o menos diferenciada entre la libertad general de acción del destinatario de la norma, por una parte, y un interés concreto de protección, por la otra.

Ahora bien, esta coordinación fundamental de dos situaciones de intereses se modifica mediante las causas de justificación y, en concreto, de suerte tal que estas permiten tomar en consideración otros intereses adicionales en la solución justa de un conflicto de intereses. En algunos casos puede tratarse de intereses específicos del autor que se ven afectados, pero también pueden ser de terceros o de la generalidad. Por ejemplo, la legitimación para defenderse también permite tomar en consideración, junto a la libertad general de acción del autor, su interés en la conservación del bien agredido, así como el interés de la generalidad en que no se produzcan agresiones antijurídicas.

En una situación de tales características, el interés de protección del agresor pierde en importancia y es desplazado por los intereses opuestos, con la consecuencia de que en esa circunstancia concreta está permitida la lesión al agresor. Algo semejante ocurre en el caso de una situación de estado de necesidad justificante: cuando en un caso hay bienes especialmente importantes que están gravemente amenazados, está permitido excepcionalmente, para la protección de aquellos, atacar al interés en la protección de bienes de menor valor.

Para evitar ser malentendido: también las causas de justificación son coordinaciones de intereses válidas de manera general. Sin embargo, se refieren a circunstancias que no desempeñan siempre un papel en la aplicación de las normas penales de prohibición, sino que solamente lo hacen en situaciones especiales. Además, generalmente las causas de justificación se refieren a una multiplicidad de normas de comportamiento, en la medida en que introducen intereses específicos que pueden ser relevantes en diferentes conflictos de intereses.

De esto se sigue que una restricción de la norma típica, mediante elementos adicionales del tipo, solamente se puede deducir del mismo fin de protección de aquella. Hay que fundamentar que la restricción es necesaria para lograr un equilibrio justo entre la libertad general de acción, por una parte, y el interés protegido, por otra. En cambio, si en su caso se trata de tomar en consideración otros intereses adicionales opuestos y de mayor rango, estos han de ser tenidos en cuenta por la vía de las causas de justificación.

4. Tras estas consideraciones previas, vuelvo a nuestro problema. Pues bien, la teoría de la imputación objetiva afirma que el comportamiento socialmente adecuado o conforme al rol no opera con el efecto de justificar, sino que hay que tenerlo en cuenta, antes ya, como elemento negativo del tipo de las normas de prohibición jurídico-penales. Esto sería adecuado sí estos dos criterios tuvieran relevancia para una coordinación justa de la libertad general de acción con los intereses de protección específicos de la norma.

a) Contemplemos primero la idea de la adecuación social. Con ayuda de este criterio se intenta expulsar, por atípica, la causación de un resultado mediante comportamientos cotidianos y socialmente usuales. Sin embargo, no se entiende qué papel podría desempeñar la toma en consideración de la adecuación social de un comportamiento en la coordinación de la libertad general de acción con los intereses específicos de protección. La cotidianidad o la discreción social de un comportamiento no es un valor jurídicamente relevante en sí mismo que pudiera dar a la libertad general de acción una importancia que prevaleciera sobre el interés específico de protección. La integridad de un bien está protegida con independencia de que sea atacada mediante un comportamiento socialmente adecuado o inadecuado.

Suena absurda la misma formulación según la cual se ha matado atípicamente a alguien mediante un comportamiento socialmente adecuado, pues el concepto de la adecuación social no tiene un significado autónomo con cuya ayuda se pueda deslindar entre el comportamiento permitido y el no permitido. Más bien, un comportamiento no es socialmente adecuado, sobre todo, cuando está penalmente prohibido, y eso significa: cuando realiza el tipo de un delito. No es el concepto de adecuación el que «lleva los pantalones» y según el cual se mide la irrelevancia jurídico-penal de un comportamiento, sino que, a la inversa, es con la ayuda de la relevancia jurídico-penal de un comportamiento con lo que se traza el límite máximo de la adecuación social.

Por ello, no puede sorprender que los típicos ejemplos que se mencionan de irrelevancia jurídico-penal del comportamiento socialmente adecuado describan situaciones que, por motivos distintos, ya son penalmente irrelevantes. Así, por ejemplo, se afirma que debido a la adecuación social es un principio atípico que el marido M convenza a su esposa E de que haga un viaje en tren, en vez de en automóvil y, en concreto, que ese comportamiento también es atípico si durante el viaje en tren se produce un atentado terrorista en el que E muere.

Sin embargo, en este caso la impunidad de M se basa exclusivamente en el hecho de que M no actúa ni dolosa ni imprudentemente, porque ni conocía ni tenía que conocer el peligro real que amenazaba a E. Al consejo de viajar en tren se le puede denominar socialmente adecuado, como producto derivado de la valoración jurídico-penal. Sin embargo, en ningún caso puede ocurrir, a la inversa, que solamente la supuesta adecuación social del consejo de viajar en tren libere a M de la responsabilidad por las consecuencias de su comportamiento. Ello es así porque de lo contrario M tampoco habría realizado el tipo del homicidio en caso de haber estado al corriente del atentado con bomba, porque para los terroristas se trata de un correligionario.

Dicho brevemente: en la valoración jurídico-penal de un conflicto lo decisivo es siempre la evaluación de un acontecer concreto, teniendo en cuenta todas las circunstancias relevantes, en lo objetivo y lo subjetivo. Por ello, la descripción objetivo-abstracta de un acontecer como cotidiano no puede ser jamás un punto de vista relevante para la determinación del injusto concreto.

b) En parte se intenta orientar funcionalmente la idea de la adecuación social a los intereses jurídico-penales. Se afirma que el derecho penal tiene la función de estabilizar las expectativas legítimas y que la pena solamente es adecuada cuando alguien defrauda expectativas legítimas. De acuerdo con esto, se considera que son jurídico-penalmente irrelevantes aquellas causas del resultado de las que no se espera que no se produzcan. De esto deduce Jakobs que mientras una persona se mueva dentro de un rol social legal, esto es, mientras su comportamiento pueda explicarse mediante motivos propios del aquel, esta persona no tiene que responder jurídico-penalmente por las consecuencias de su actuación. Continúa el autor: solamente cuando su comportamiento esté vinculado y objetivamente reconocible en un proyecto delictivo de tal modo que únicamente puede ser entendido como parte de este, su comportamiento defrauda expectativas legítimas y es penalmente relevante[7].

Pues bien, en cualquier caso esta tesis es insostenible a la vista del derecho penal alemán en vigencia. Sobre todo en el caso de los denominados delitos de preparación, el tipo objetivo parafrasea un comportamiento socialmente usual que solo se convierte en hecho punible por razón de la intención subjetiva del autor. Así, al rol social de un estudiante puede pertenecer la compra de un despertador, pero si el estudiante lo compra para construir con él una bomba para secuestrar un avión, es punible por agresión contra el tráfico aéreo y marítimo, de conformidad con el § 316c, apartado 4 del StGB.

No obstante, aun cuando la teoría del comportamiento social conforme al rol no se mida a la luz de la *Lex lata,* sino que se conciba como aportación conceptual a la teoría general del delito, tampo-

---

7 Esencialmente: Jakóbs, G. (1977). Regreßverbot beim Erfolgsdelikt. Zugleich zur Begründung der strafrechtlichen Haftung bei Begehung. *ZStW*, 89, 1 y ss.

co es convincente, pues esta formula una afirmación que, en gran medida, no es plausible, a saber: la de que las expectativas jurídico-penalmente relevantes se refieren al comportamiento social externo, de manera que el comportamiento conforme al rol tampoco defrauda, por sí mismo, en el caso de que el autor tenga conocimiento de las consecuencias lesivas de su comportamiento.

Un ejemplo: supongamos que el cartero C descubre, por pura casualidad, que entre las cartas que está echando en el buzón de A se encuentra una carta-bomba con una carga explosiva mortal. Según la teoría del comportamiento social conforme al rol, C no debería responder jurídico-penalmente de la muerte de A que ha sido cocausada por él, porque se ha movido dentro de su rol social de cartero, al cual no pertenece el preocuparse por el contenido de las cartas.

No obstante, en esta fundamentación se mezclan diferentes expectativas conforme a la norma. Seguro que nadie espera de un cartero conocimientos específicos sobre cartas-bomba, ni tampoco pertenece a sus deberes jurídico-laborales controlar las cartas para averiguar si contienen una posible carga explosiva. En esa medida, a C no se le puede reprochar ni desde la perspectiva de correos —como empleador— ni desde la de A —como cliente— que ha lesionado su rol de cartero. Un comportamiento incorrecto desde la perspectiva del rol sería, por ejemplo, que C ensuciara el correo o lo echara en los buzones equivocados.

Sin embargo, desde la perspectiva jurídico-penal lo decisivo es una expectativa distinta. El derecho penal se dirige al autor como a un ciudadano fiel al derecho, y no como a un cartero o a un estudiante. El derecho penal no exige de C que desempeñe correctamente su rol de cartero. Más bien, las normas del derecho penal se dirigen a todos con un mismo contenido. En ese sentido, C está obligado, por la prohibición de matar como ciudadano fiel al derecho —y con ello, atravesando todos sus roles sociales—, a comportarse de manera tal que no coloque ninguna causa de la muerte de una persona, según sus conocimientos y capacidades. Quien conscientemente causa la muerte de otro defrauda las expectativas puestas en él como ciudadano fiel al derecho, y ello con total independencia de qué rol social esté desempeñando en ese momento. Por ello, la pena también se impone con independencia del rol: a C no se le despide de su puesto de cartero *qua pena,* sino que, más bien, se le castiga, atravesando todos sus roles sociales, según su culpabilidad individual a causa del déficit en fidelidad al derecho.

Probablemente, en caso de que los conocimientos de C salieran a la luz, ningún tribunal del mundo lo absolvería de la acusación de homicidio con la argumentación de que se movió dentro del rol de cartero. En esa medida, en mi opinión, tampoco es sólida la fundamentación sociológica de la teoría del comportamiento social conforme al rol según la cual las expectativas solamente se refieren al comportamiento externo.

Al igual que la adecuación social, el comportamiento social conforme al rol tampoco es un valor autónomo que pudiera tener algún significado en la coordinación esencial de intereses que tiene lugar en el plano del tipo entre la libertad general de acción, por una parte, y los intereses de protección específicos, por la otra. En el caso del ejemplo, la coordinación de intereses mediante la prohibición del homicidio significa que la libertad general de acción queda totalmente contraria al interés de la protección de la vida. En esta coordinación de intereses, carece evidentemente de relevancia la cuestión de qué profesión desempeña el autor y en qué contexto condicionado por la profesión coloca una causa de la muerte.

Por tanto, el comportamiento social conforme al rol solamente podría conducir a la exclusión del injusto cuando el interés específico en la persecución de una meta conforme al rol diera una permisión en forma de justificación para el homicidio de otro. Sin duda, aún no hay nadie que haya considerado en serio la existencia de una causa de justificación del comportamiento social conforme al rol; la absurdidad de esta idea demuestra que la valoración que se esconde tras planteamiento de que en caso de comportamiento social conforme al rol no hay injusto resulta absolutamente errónea cuando se ubica en la construcción del delito.

V. Comportamiento de la víctima

1. Finalmente hay que centrar la atención en la cuarta de las posibilidades mencionadas para limitar el ámbito de aplicación de las normas de prohibición. Se trata del caso en que el titular del bien jurídico protegido por la norma está de acuerdo con el menoscabo de su bien. Ese consentimiento no es ni una restricción inmanente del tipo ni una causa de justificación.

Una restricción inmanente del tipo entraría en consideración bajo el presupuesto de que el consentimiento impidiera afirmar la concurrencia de un resultado. En este sentido, por ejemplo, habría que negar unas lesiones típicas en el caso de que el afectado deseara el atentado contra su integridad corporal. Sin embargo, ya desde una perspectiva conceptual, un consentimiento no excluye en absoluto el daño. Así, por ejemplo, el titular de un bien jurídico puede estar de acuerdo con la modificación perjudicial de un bien para evitar un daño peor en otro bien distinto. En esa medida, tiene pleno sentido diferenciar entre un resultado y la renuncia a la protección frente a la causación de este.

Ahora bien, tampoco es convincente la afirmación de que el consentimiento es una causa de justificación, pues él no es una norma que colisione con la prohibición de la realización del tipo. Más bien, el consentimiento afecta al Interés mismo protegido mediante la prohibición, de ahí que sea una razón que suspende la validez de la prohibición. Según el principio de que a quien consiente no le ocurre injusto alguno *–violentinon fít iniuria*[8]*–*, la prohibición de la protección individual solamente rige bajo el presupuesto de que también el titular del bien jurídico quiera ser protegido.

Por consiguiente, en todo caso hay que estar de acuerdo, en sus conclusiones, con la teoría de la imputación objetiva cuando esta aboga por una exclusión del tipo objetivo en caso de que el lesionado exprese su consentimiento de forma jurídicamente eficaz. Si el lesionado está de acuerdo con la producción del resultado y está legitimado a disponer sobre el bien, tal producción está permitida ya por el hecho de que se ha suspendido la prohibición correspondiente mediante el consentimiento.

2. Algo distinta se presenta la problemática en el caso del comportamiento por su cuenta y riesgo. Con un ejemplo: el empleado de una gasolinera vende gasolina, aun cuando ve que el vehículo del cliente no está en absoluto en condiciones de circular; el cliente, que es consciente del mal estado de su vehículo, derrapa poco después y sufre graves lesiones físicas, debido a un fallo de los frenos.

En tal caso, el lesionado tiene en sus manos el dominio del hecho sobre el curso causal lesivo, a diferencia de lo que ocurre en el

---

[8] Así, la versión breve usual de la fórmula proporcionada por Ulpiniano en el libro 47 del Digesto: «*nulla iniuria est, quae in volentem fiat*» (D, 47, 10, 1, 5).

consentimiento. Sin embargo, una lesión autorresponsable es atípica y, por ello, no constituye injusto alguno. Pues bien, si una autolesión es atípica, entonces la ayuda a esta no puede constituir participación antijurídica, debido a la falta de injusto de un hecho principal. En ese sentido, se puede ver tal lesión como presupuesto negativo de la posibilidad de imputar un resultado a un interviniente adicional.

Con ello, la participación en una lesión autorresponsable de la víctima es un caso en el que ya objetivamente la cocausación de un resultado no es imputable. Sin embargo, esta conclusión se puede deducir directamente de los principios generales de la participación, como hace la jurisprudencia alemana. No hay necesidad de una teoría de la imputación objetiva adicional.

VI. Conclusión

Resumo brevemente mis consideraciones: la búsqueda de un riesgo permitido que se pueda correr tanto dolosa como imprudentemente, sin ser competente por la causación de un resultado que derive de él, se ha mostrado como una búsqueda, en gran parte, estéril. Solamente hay que negar la realización de un tipo objetivo en caso de que la víctima misma renuncie a su protección —sea en forma de un consentimiento que suspende la prohibición, sea en forma de una atípica puesta en peligro autorresponsable—. En cambio, el denominado riesgo permitido en ámbitos peligrosos solamente se refiere a los delitos imprudentes. Finalmente, la adecuación social y el comportamiento social conforme al rol no son criterios con validez general que pudieran impedir la imputación objetiva de la realización del tipo en todos los delitos.

INFRACCIÓN DE DEBER Y AUTORÍA: UNA CRÍTICA A LA TEORÍA DEL DOMINIO DEL HECHO[1]

I. La teoría subjetiva de la intervención delictiva

1. En derecho penal no es únicamente responsable aquel que comete el delito solo y de propia mano, sino también aquel que lo comete conjuntamente con otros. La comisión conjunta de un delito recibe la denominación de «intervención», y esta puede tener lugar, a su vez, en dos formas diferentes: en la forma de una autoría y en la forma de una participación.

Junto al autor directo, también es autor el que comete el hecho como coautor, esto es, en conjunto con uno o varios otros autores, así como el que lo comete como autor mediato, a través del comportamiento de otra persona. En cambio, es partícipe aquel que o bien determina, como inductor, o bien auxilia, como cómplice, al autor que comete el hecho.

El Código Penal Alemán asocia consecuencias jurídicas a las distintas formas de intervención, correspondientes a diferentes grados de gravedad. Al autor directo, al coautor y al autor mediato les resulta aplicable la misma medida de pena. El inductor puede ser penado de modo equivalente al autor, pero en la praxis judicial usualmente es sentenciado de modo más benigno. La pena aplicable al cómplice, en cambio, ha de ser necesariamente más baja, por imperativo legal. De ello se sigue que la demarcación entre autoría y participación es de máxima importancia práctica. Esta importancia se ve acrecentada, además, por el hecho de que bajo el derecho alemán la tentativa de complicidad no es punible. Y en la inducción la tentativa solo es punible, adicionalmente, si ella se halla referida a un crimen y no, en cambio, si su objeto es un simple delito.

1 Traducción de Juan Pablo Mañalich R.

Esta diferenciación de formas de intervención constitutivas de autoría y participación rige exclusivamente al tratarse de delitos dolosos. Los delitos imprudentes, en cambio, solo conocen una forma de comisión: la autoría. En los delitos imprudentes se habla, en esta medida, de un «autor unitario». Así, quien imprudentemente hace algo que solo podría calificarse de complicidad, al haber dolo es de todas formas autor del correspondiente delito imprudente.

2. Para la demarcación de la autoría y la participación, la jurisprudencia alemana recurre a una tesis sumamente simple. De conformidad con la así llamada «teoría de la equivalencia», sí todas las condiciones necesarias para un resultado son equivalentes en tanto causas, entonces no es posible diferenciar la autoría y la participación de modo puramente objetivo. A modo de ejemplo: si A dispara con un arma contra B, entonces no solo el disparo, sino cualquier otra condición que no pueda ser mentalmente suprimida sin que el resultado desaparezca es una causa para la muerte de B; lo cual quiere decir que también lo son la fabricación del arma, su compra, etc. Desde una consideración puramente objetiva, tanto el tirador como el fabricante y el vendedor del arma serían autores de un homicidio.

Dado que este resultado sería evidentemente absurdo, la jurisprudencia alemana ha buscado una vía de escape, en un criterio puramente subjetivo, para la diferenciación de la autoría, la participación y otras formas de comportamiento jurídico-penalmente irrelevantes. Según esto, sería autor quien actúa con la voluntad de serlo, esto es, quien tiene *animus auctoris*; mientras que sería partícipe quien actúa con la voluntad de ser partícipe, esto es, quien tiene *animus socii*. Los criterios para el *animus auctoris* son el querer el hecho como propio y el interés en el resultado de este. Los criterios para el *animus socii* son el querer el hecho como ajeno y la falta de interés en el resultado del mismo.

A pesar de que hasta hoy la jurisprudencia mantiene esta doctrina subjetiva de la intervención delictiva, de boca hacia afuera, para fundamentar sus decisiones más emblemáticas, la misma es enteramente inservible. En un derecho penal del hecho, que alguien sea autor o cómplice no puede ser exclusivamente dependiente de lo que él subjetivamente quiera. Si A dispara contra B con un arma de fuego, el primero difícilmente podrá negar su autoría diciendo que ha ejecutado el hecho en interés exclusivo de un tercero. La prohibición del homicidio es válida con independencia de por qué motivo y en interés de quién alguien mata a otro ser humano. Además, hay una serie de delitos —por ejemplo, la extorsión, la estafa, el homicidio a requerimiento— en los cuales, ya con arreglo al temor literal a la ley, también puede ser autor quien no actúa en interés propio sino ajeno.

II. La teoría del dominio del hecho

1. La doctrina actualmente dominante en la ciencia del derecho penal clasifica los hechos punibles en delitos de dominio y delitos de infracción de deber. Los delitos de infracción de deber son aquellos que solo pueden ser cometidos por determinadas personas portadoras de un deber especial; quien infringe este es, por principio, autor. Todos los demás intervinientes que no son portadores de tal deber necesariamente son, a lo sumo, partícipes.

En los delitos de dominio, en cambio, la situación se presenta de modo enteramente distinta, pues aquí el criterio determinante lo ofrece el así llamado «dominio del hecho»: aquel que lo ostenta es autor, aquel que lo carece es partícipe. El dominio del hecho es definido, por su parte, por referencia a un dominio de decisión y a uno de configuración. Tiene dominio de decisión aquel de quien depende si el hecho se comete o no; tiene dominio de configuración aquel que puede determinar cómo resulta ejecutado el hecho en sus particularidades. En todo caso, estos criterios de dominio del hecho se articulan diferenciadamente en atención a cada una de las formas específicas de autoría.

Mientras que el autor directo tiene, en cierta medida, un total dominio del hecho, los coautores solo ejercitan un dominio funcional del mismo. El dominio funcional representa un proceder bajo condiciones de división del trabajo, en el marco del cual los coautores ejercitan una medida esencialmente equivalente de dominio del hecho. Un *plus* de dominio de decisión puede compensar un *minus* de dominio de configuración, y viceversa.

De modo completamente distinto se determina el dominio del hecho en la autoría mediata. Aquí sería decisivo que el autor manipule al hombre de adelante, su «instrumento» humano. Y cabría reconocer tres posibilidades de instrumentalización:

Primero: si en la ejecución del hecho por parte del hombre de adelante falta un presupuesto de la realización culpable de un tipo delictivo, por ejemplo, por encontrarse bajo un error o bien porque actúa justificada o inculpablemente. Este déficit de un presupuesto de la punibilidad es aprovechado por el hombre de atrás; por ejemplo, el hombre de atrás pone al hombre de adelante en una situación de error de tipo excluyente del dolo.

Segundo: si el hombre de atrás se aprovecha de que el hombre de adelante se encuentra bajo un error de motivación que sea de peso; por ejemplo, el hombre de adelante daña una vasija ajena de alto valor, que él tiene por carente de valor, en virtud de un engaño del hombre de atrás.

Tercero: si el hombre de atrás dirige al hombre de adelante, valiéndose de rígidas formas de organización o bien de procedimientos estrictamente reglados. De esta manera, el posicionado más arriba en una forma de estado dictatorial, en una organización criminal o en una gran empresa económica podría controlar, al modo de un «autor detrás del autor», el comportamiento del ejecutor subordinado.

2. A la vista de estos criterios llamativamente dispares para la autoría se plantea la pregunta de qué cabe entender, efectivamente, como el elemento común para este dominio del hecho. ¿Cómo podrían fundamentar fenómenos tan distintos e, incluso, opuestos una competencia por el comportamiento de otra persona suficiente para sustentar la autoría, como por ejemplo la utilización de un déficit de responsabilidad o la división del trabajo? Es decir, ¿qué significa exactamente desde el punto de vista del derecho penal un dominio del hecho?

La teoría del dominio del hecho sostiene que sería autor quien «tiene en la mano» el suceso realizador del tipo —quien aparece como la «figura central del suceso»—, mientras que sería mero partícipe quien solo interviene en el margen. «Figura central» y «figura marginal» son imágenes cautivadoras, pero están lejos de constituir categorías dogmáticas. Que en derecho penal no se trata de la posición fáctica de un sujeto cualquiera lo muestran claramente los delitos de infracción de deber, en los cuales sería autor quien carga con la responsabilidad normativa por la producción del suceso.

En lo que sigue se esbozará un modelo normativo para la sistematización de la intervención delictiva, a través de una revisión crítica de la teoría del dominio del hecho. Para ello quisiera, por lo pronto, analizar la conexión entre norma y acción, con la vista puesta en el caso básico de un delito de resultado cometido, de propia mano, por un autor individual. Sobre esta base serán brevemente examinadas, entonces, las cuestiones ulteriores relativas a la autoría mediata, la coautoría, la participación y la imprudencia.

III. Norma, acción, debe

1. Consideremos ahora, en un primer paso, la relación en que se encuentran los conceptos de «norma» y «acción», conectados entre sí a través del concepto de «deber». El derecho penal protege bienes jurídicos a través de normas. Estas, a su vez, son seguidas mediante acciones. En el análisis del concepto de «acción» tiene sentido hacer diferencia frente al concepto de «comportamiento». Con la expresión «comportamiento» puede designarse el movimiento espacio-temporalmente situado de un ser vivo, circunscribiendo el punto a seres humanos: alguien corre, levanta su brazo o duerme. Un comportamiento es, en otras palabras, un suceso causal. Una acción, en cambio, es un comportamiento interpretado intencionalmente. La adscripción de una acción provee una explicación de por qué alguien se ha comportado de determinada manera. En una tal explicación se recurre a intenciones. Por ejemplo: A dispara con su arma contra B porque quiere matarlo. Así, las adscripciones de acciones conectan un comportamiento (el disparar el arma) y un cambio en el mundo (la muerte de B), de modo tal que el comportamiento pasa a ser entendido como medio para la producción del cambio intencionalmente perseguido.

Tales cambios o variaciones del mundo también pueden ser objetos intencionales de comportamientos pasivos. Yo no me comporto de una determinada manera, por ejemplo, para así dejar que se produzca un cambio que de lo contrario no se habría producido, o bien para dejar sin producirse un cambio que de lo contrario sí se habría producido. A modo de ejemplo: A no dispara contra B, para que así este no muera. Las interpretaciones intencionales de formas de comportamiento pasivo en relación con un cambio intencionalmente perseguido se denominan «omisiones».

2. El derecho penal protege bienes jurídicos frente a la producción de cambios desfavorables o frente a la no-producción de cambios favorables, por la vía de la emisión de normas. A través de prohibiciones se proscriben formas de comportamiento que producen cambios desfavorables o impiden otros favorables. Y a través de mandatos se prescriben formas de comportamiento que producen cambios favorables o impiden cambios desfavorables. En consecuencia, son antinormativos aquellos comportamientos que no se ajustan a la correspondiente prohibición o mandato.

Consideremos esto más de cerca, de la mano de una prohibición de la producción de un cambio perjudicial para un bien jurídico, lo que podemos llamar «resultado». Asumamos que A dispara con su arma de fuego contra B, y a través de esto condiciona su muerte. En tal caso, a través de su comportamiento, A ha producido causalmente la muerte de B, es decir, ha realizado el injusto de resultado de un homicidio. Pero A solo portaría responsabilidad por este comportamiento antinormativo si él hubiese podido evitarlo en pos del seguimiento de la norma, pues de acuerdo con el principio *ultra posse nemo obligatur,* el destinatario de la prohibición del homicidio solo queda vinculado a esta norma en la medida de su propia capacidad de acción. Esta vinculación a una norma con arreglo a la medida de la propia capacidad puede denominarse «deber».

Esto significa que la causación de la muerte de otro resulta contraria a deber si el sujeto en cuestión estaba en posición de omitir su comportamiento causal, para así evitar la producción del resultado mortal. Los criterios de la capacidad de acción están constituidos por los conocimientos y las capacidades físicas, que son necesarios para poder realizar la intención de evitar la producción del resultado a través del propio comportamiento.

En el caso del ejemplo, A era capaz de acción en la medida en que él sabía de la situación fáctica y de las conexiones causales relevantes, esto es, sabía que su arma estaba cargada, que B era un ser humano vivo, etc. Adicionalmente, él tenía que haber sido capaz físicamente de controlar su cuerpo. El movimiento del dedo no puede haber correspondido, por ejemplo, a un espasmo incontrolado. Si A cumple con estos presupuestos de la capacidad de acción, esto es, si él dispone del saber suficiente y de la capacidad física imprescindible para omitir el disparo y evitar así la producción de la muerte de B, entonces él es portador del deber de omitir este comportamiento peligroso para la vida de B.

El concepto de deber expresa la vinculación del destinatario a la norma en atención a su propia capacidad de acción. Esto quiere decir, a la inversa: si A mata a B habiendo sido capaz de realizar la intención de evitar darle muerte a través de su comportamiento, entonces a él resulta imputable su comportamiento a título de «infracción de deber». En la sistemática del delito, la dimensión intelectual de la capacidad de acción es objeto de comprobación con la etiqueta «dolo». Y la infracción de deber puede ser designada como el injusto subjetivo de la acción típicamente relevante.

El reproche de haber quebrantado la prohibición del homicidio consiste, entonces, en que alguien no ha evitado intencionalmente la causación de la muerte de otro ser humano, a pesar de haber sido capaz de hacerlo. Cuál sea el motivo por el que alguien ha puesto una causa para la muerte de otro es enteramente irrelevante desde la prohibición del homicidio. No necesita tratarse, en modo alguno, de un comportamiento finalmente dirigido a la producción de la muerte. Al autor solo se le reprocha haber causado la muerte de otro a través de su comportamiento, a pesar de que él habría podido evitarlo en pos del seguimiento de la norma.

3. De esto resulta lo siguiente: si el dominio del hecho se identifica con la capacidad de acción necesaria para evitar la realización del tipo, entonces es claro que tal dominio solo puede estar referido al propio comportamiento contrario a deber, y nunca a un comportamiento tal de alguna otra persona. Es perfectamente posible que otro solo pueda cometer una infracción de deber en caso de que yo efectúe una contribución al efecto; pero entonces mi dominio del hecho también se reduce, exclusivamente, a que puedo evitar, a través de mi comportamiento, una causación del resultado. En ningún caso puedo dominar, a través de mi contribución, una infracción ajena de deber, pues esta se encuentra justamente definida por el hecho de que resultaba evitable para el otro interviniente.

A modo de ejemplo: si el ladrón L cuenta con que yo le proporcione la combinación de una caja fuerte, entonces yo puedo impedir que el ladrón abra la caja fuerte si no le doy la clave. Pero esto no significa, ciertamente, que a través del suministro de la clave yo domine, en un sentido positivo, la apertura de la caja fuerte por parte del ladrón, pues ello depende de un comportamiento que, en el caso concreto, solo el ladrón está en posición de realizar.

Esto también vale, sin reserva alguna, cuando se trata de delitos compuestos o de varios actos. Si A amarra a O, para que así B pueda sustraerle el maletín, A y B pueden ser —por razones que habrá que analizar todavía— coautores de un robo. Pero la razón de esto no es que cada uno de ellos tuviera dominio sobre todo el hecho en su conjunto. B no ha amarrado a O, y A nada ha sustraído. En consecuencia, B no podía, de modo conforme a deber, omitir amarrar a O, así como A tampoco podía, de modo conforme a deber, omitir la sustracción. En la medida en que la teoría del dominio sostenga algo distinto, ella finge hechos y atenta así contra el principio de culpabilidad.

De estas reflexiones se sigue: el dominio del hecho, en sentido negativo, no puede servir de criterio para la demarcación entre autoría y participación, pues cada interviniente que pone una causa para el resultado —sea autor o partícipe— puede evitar, de hecho, el concreto suceso conducente al resultado en su conjunto a través de la evitación de esta contribución casual. Pero el dominio del hecho, en sentido positivo, tampoco puede servir de criterio de demarcación, ya que mi propio comportamiento contrario a deber no puede estar dominado, al mismo tiempo, por mí y por otro. Así, la diferencia entre autoría y participación solo puede hallarse en el propio comportamiento en cuestión, esto es, en la manera precisa en que el resultado es causado por el respectivo comportamiento. Ello significa que a través del comportamiento del autor, el resultado es causado de una manera distinta a como el mismo lo sería a través del comportamiento del partícipe.

4. De ningún modo quisiera introducir aquí un concepto especial de causalidad. Antes bien, me gustaría explicar mi tesis de la mano de aquellos conceptos con los cuales el derecho penal describe el comportamiento antinormativo, al tratarse de delitos dolosos de comisión activa, por ejemplo con verbos tales como «matar», «lesionar», «dañar», «sustraer», etcétera.

Quedémonos con el verbo «matar». Si yo proporciono un cuchillo a A, con el cual este perfora letalmente a B, entonces cabe decir: «A ha matado a B mediante la perforación con el cuchillo». En cambio, sería lingüísticamente anómalo decir: «he matado a B al darle a A el cuchillo con el cual este lo perforó». A pesar de que tanto el comportamiento de A como mi comportamiento han sido causales para la muerte de B, solo el comportamiento causal de A se deja describir como «matar». ¿Por qué? Mediante verbos como «matar», «lesionar», «dañar», etcétera, la conexión causal entre comportamiento y resultado es interpretada como una conexión inmediata que uno puede expresar con ayuda de una relación del tipo «por el hecho de que». En el ejemplo, «A mató a B 'por el hecho de que' él lo perforó con un cuchillo». Mi comportamiento, en cambio, no se deja conectar con el resultado a través de una relación de tal tipo, pues B no ha muerto «por el hecho de que» yo proveyera de un cuchillo a A. Es recién mediadamente, a través del comportamiento de A, que mi comportamiento se vuelve causalmente relevante para la muerte de B. Solo puede hablarse de matar, en consecuencia, en el caso de una causación inmediata del resultado de muerte mediante un determinado comportamiento.

IV. Autoría mediata

1. Existe la posibilidad, sin embargo, de atribuirle a una persona como actuación propia la causación del resultado a través de otra persona. ¿Cómo se deja construir una tal autoría mediata? Establezcamos, por lo pronto, lo siguiente: si alguien se comporta de una manera que desde una determinada descripción resultaba intencionalmente evitable para él, entonces solo él ostenta el dominio fáctico de este comportamiento. Un dominio del hecho sobre otro solo es posible por la vía de una vis absoluta, y esto constituye, a su vez, una forma de autoría directa. Si empujo a alguien al suelo, quien al caer daña la cosa de un tercero, entonces he sido yo quien ha dañado la cosa en autoría directa. La autoría mediata, en cambio, concierne a aquellos casos en que mi quebrantamiento de la norma resulta mediado por el comportamiento intencionalmente evitable de un tercero.

Por ello, el dominio del hecho, en un sentido fáctico, no puede ser un criterio de autoría mediata. Antes bien, esta solo puede ser fundamentada normativamente, y ya justamente en el sentido de que el hombre de adelante actúa en el lugar del hombre de atrás; o más precisamente: que al hombre de atrás resulta atribuible el comportamiento del hombre de adelante como propio. Y aquí hay que atender, por su parte, a un principio fundamental de la imputación: la responsabilidad jurídico-penalmente relevante no puede ser transferida, a modo de exoneración, de una persona a otra. Yo no puedo matar a otro de modo plenamente responsable y después transferir mi responsabilidad a un tercero, con la consecuencia de que solo este, en mi lugar, fuese responsable. Puede ser que un tercero resulte de algún modo corresponsable por mi comportamiento —la coautoría, la complicidad y la inducción descansan en este principio de responsabilidad derivativa—, pero estas formas de intervención delictiva jamás pueden conducir a la exoneración de un sujeto efectivamente responsable.

Siendo esto así, al hombre de atrás solo puede resultarle imputable el comportamiento del hombre de adelante como uno propio, por el cual el primero puede cargar responsabilidad, si esta es deficitaria del hombre de adelante. Y aquí el déficit puede encontrarse referido a cualquiera de los presupuestos de la responsabilidad jurídico-al, es decir, a un elemento de la tipicidad, del injusto o de la culpabilidad. Pero el déficit ha de encontrarse referido precisamente a uno de los presupuestos desde los cuales el hombre de atrás, a su vez, responde por el comportamiento como propio. A modo de ejemplo: si yo vierto un veneno mortal en el coñac de mi enemigo E, quien lo bebe sin tener noción alguna de aquella circunstancia, entonces E carga, sin más, autorresponsabilidad por su comportamiento bajo la descripción «beber coñac»; pues bajo esta descripción E podía omitir intencionalmente su comportamiento, en caso que él no hubiese querido beber coñac.

En cambio, él actúa deficitariamente bajo la descripción en términos de la cual es a mí a quien resulta imputable el comportamiento como quebrantamiento de la prohibición del homicidio, pues en virtud de su falta de conocimiento del veneno, E no podía evitar su comportamiento bajo la descripción «beber coñac envenenado».

2. Como segundo requisito de la autoría mediata, el hombre de atrás ha de satisfacer todos los presupuestos bajo los cuales a él podría resultarle imputable el comportamiento del hombre de adelante, el cual es atribuido como comportamiento propio, a título de quebrantamiento de la norma. Esta exigencia se entiende de suyo, en tanto el hombre de atrás ha de ser autor y, por ello, satisfacer

todos los presupuestos del delito en su propia persona. A modo de ejemplo: en un delito especial de funcionario público, el hombre de atrás tiene que ser funcionario.

3. Finalmente, es necesario que exista una conexión entre el déficit que afecta al hombre de adelante y la imputación de su comportamiento al hombre de atrás; tiene que existir una razón para la imputabilidad de este comportamiento. En la dogmática alemana se afirma, a veces, que como fundamento para esta imputación sería suficiente un saber superior de parte del hombre de atrás; pero de ser así, en este mundo los mejor informados tendrían que cargar responsabilidad por los desinformados, con lo cual dejaría de ser posible una distribución de ámbitos de responsabilidad fundada en la idea normativa de igualdad. Un mero saber superior solo puede obligar a una solidaridad social mínima, y en derecho penal esto quiere decir: en el sentido de los delitos de omisión de socorro o de omisión de denuncia de la comisión inminente de un hecho punible.

En la autoría mediata como fundamento de la imputación solo viene en consideración una intervención no permitida en la esfera de responsabilidad del hombre de adelante, ya sea a través de coacción, del condicionamiento o sostenimiento de un error o de un vínculo de solidaridad especial en el sentido de una posición de garante. Así, por ejemplo, yo soy autor mediato si vierto veneno en el coñac de mi enemigo E, pues el hecho de que este yerre acerca de la cualidad de su bebida se debe a mi manipulación del objeto de su representación.

IV. Coautoría

1. Examinemos ahora la pregunta acerca de la base normativa sobre la cual puede hacerse descansar la coautoría. Por lo pronto, hay que establecer que la coautoría se diferencia de la autoría directa individual por el hecho de que cada uno de los intervinientes no necesita haber causado inmediatamente el resultado típico. Más bien, la coautoría también es posible, como lo muestra el ejemplo del robo ya mencionado, cuando respectivamente dos intervinientes solo realizan, de inmediato, fragmentos parciales de un suceso típico global. Y una coautoría puede, incluso, venir en consideración si uno de los intervinientes contribuye solo indirectamente a la causación del resultado.

Frente a la autoría mediata, la coautoría se distingue por el hecho de que ninguno de los intervinientes exhibe un déficit de imputación por el cual tenga que responder otro interviniente; de lo contrario, él no podría ser autor en relación con el otro. Pero si cada uno porta responsabilidad frente a los demás intervinientes, esto es, siendo cada uno capaz de acción para la evitación del propio comportamiento contrario a deber, entonces también en la coautoría ha de ser normativamente fundamentada la responsabilidad por un comportamiento ajeno, pues ninguno de los intervinientes tiene dominio del hecho sobre los demás, y así tampoco tiene dominio, en sentido positivo, sobre el hecho en su conjunto. La capacidad de acción que fundamenta la autoría es, desde un punto de vista fáctico, irreductiblemente individual.

De ello se sigue que la coautoría depende de dos presupuestos: primero, cada uno de los intervinientes ha de ser responsable por el propio comportamiento, independientemente de los demás; y segundo, a cada uno de los intervinientes ha de ser normativamente imputable el comportamiento de los demás como comportamiento propio.

La posibilidad de la imputación de un comportamiento ajeno como propio constituye algo obvio para el derecho. En el derecho civil, por ejemplo, la figura de imputación de la representación descansa en este principio: otro puede vincularme a través de su comportamiento realizado en mi nombre como si yo mismo hubiese efectuado la declaración de voluntad en cuestión. Esto se conoce, precisamente, como el principio de la representación.

La coautoría también se funda en el principio de la representación. Por contraposición a la simple representación, sin embargo, aquí aparece una peculiaridad: para que cada uno pueda ser competente por el suceso global, cada cual ha de ser responsable, primero, por el propio comportamiento y ser representado, al mismo tiempo, a través del comportamiento ajeno. Así, los coautores tienen que representarse recíprocamente, en tanto ellos efectúen su contribución al hecho, tanto para sí, en nombre propio, como para los demás, en nombre ajeno.

2. La representación presupone, a su vez, el reconocimiento de un cometido correspondiente. Esto significa: los coautores han de actuar, subjetivamente, sobre la base de un plan conjunto, o, como

también podría decirse, en su comportamiento han de moverse dentro de un esquema común de interpretación. Aquel que abandona este esquema comete un exceso, y en tal medida deja de representar a los demás intervinientes.

Adicionalmente, la contribución al hecho de cada interviniente también ha de ser «representativa»; aquí yace el núcleo sensato de la teoría del dominio del hecho referida al principio de división funcional del trabajo. Quien solo colabora en el margen no es alguien que de un modo exteriormente expresivo represente el hecho como propio, esto es, alguien que de un modo relevante quiera dar la cara por el quebrantamiento de la norma. En otras palabras, una división funcional del trabajo es presupuesto objetivo de una representación relevante para la coautoría, pues el autor no es meramente llamado a responder por un déficit de fidelidad al derecho, sino ya también por la realización objetiva del injusto.

V. Inducción y complicidad

Sobre la base de las reflexiones precedentes es posible determinar, sin mayores dificultades, los criterios con arreglo a los cuales puede demarcarse la participación frente a la autoría. En esta delimitación, el concepto de autoría resulta decisivo, es decir, la participación presupone que la intervención en cuestión no constituya autoría. Habiéndose establecido negativamente que esta no se da, entonces ha de comprobarse, en un segundo paso, si se satisfacen los presupuestos positivos de alguna de las dos formas de participación. En este sentido, la inducción ha de delimitarse negativamente frente a la autoría mediata, mientras que la complicidad se diferencia negativamente de la coautoría. En particular, esto significa lo siguiente:

1) Autor de propia mano es siempre aquel que lesiona individualmente el deber que resulta de la norma. En los delitos puros de resultado, se trata de aquel que produce el resultado por el hecho de comportarse de determinada manera, en circunstancias en las que él habría podido evitarlo, en atención a su capacidad de acción. La autoría mediata y la coautoría representan ampliaciones normativas de la autoría de propia mano.

2) En la autoría mediata una persona distinta del autor ejecuta el comportamiento que realiza el tipo. Pero esta persona no

es en sí misma responsable por este comportamiento realizador del tipo, ya que aquí ha de fallar un presupuesto necesario del carácter delictivo de su comportamiento. Y este resulta, a su vez, imputable al hombre de atrás siempre que él, en primer lugar, sea competente por el déficit de responsabilidad del hombre de adelante y, en segundo lugar, cumpla en su propia persona todos los demás presupuestos típicos.

Por ende, no se da una autoría mediata, sino solo una inducción si el hombre de atrás ha motivado determinantemente el comportamiento del hombre de adelante, pero sin ser competente por un déficit de un presupuesto constitutivo para el delito correspondiente.

3) En la coautoría resultan vinculadas formas de comportamiento en la configuración de un hecho conjunto, las cuales son imputables a cada uno de los coautores, en la medida en que los intervinientes se hayan representado recíprocamente en la realización del tipo, en el marco de un esquema común de interpretación.

Por consiguiente, no se da una coautoría, sino solo una complicidad si uno de los intervinientes no actúa en razón de un plan conjunto del hecho, o bien no efectúa una contribución representativa.

VI. Imprudencia

1. Para concluir, resta preguntarse sucintamente por qué la imprudencia solo conoce un autor unitario. El autor imprudente, en contraposición al autor doloso, cuenta con una limitada capacidad de evitación, por ejemplo por estimar como demasiado bajo el riesgo de una realización del tipo, o bien por desconocerlo completamente. Pero por este desconocimiento o estimación errada, él mismo puede ser hecho responsable, puesto que de haber observado el cuidado esperable él habría juzgado correctamente la situación y con ello habría asegurado su propia capacidad de acción.

Es decir, de haber observado el cuidado necesario, el autor imprudente habría sido capaz de evitación en el momento de la ejecución del comportamiento realizador del tipo en circunstancias en que, de facto, no lo hizo. En tal medida, en la imprudencia ya no se da el caso básico de la autoría de propia mano, la cual requiere la capacidad actual de evitación del destinatario de la norma. Justamente por esto, los tipos de delito imprudente del Código Penal Alemán se hallan formulados de manera distinta a los tipos de delito doloso. Así, por ejemplo, no se habla aquí de «el que mate a otro», sino de «el que cause la muerte de otro».

Con esta formulación más amplia del «causar imprudente» se ve comprehendida toda contribución que, en el caso del delito doloso, caería bajo la forma de una autoría o de una participación. Y esto significa: en los delitos imprudentes tampoco resulta relevante la diferenciación entre causación directa y causación mediada a través de un tercero. Es decir, que yo dispare imprudentemente contra otro o solo provea de un arma a un tercero, sin representarme que este pretenda matar a un tercero usándola, no significa diferencia alguna para la afirmación de un homicidio imprudente con arreglo al derecho alemán.

CUESTIONES FUNDAMENTALES DE DERECHO PENAL,
de URS KINDHÄUSER, se imprimió
en la República Argentina en febrero de 2021.

Made in United States
North Haven, CT
04 November 2026

21766937R00069